一汁一菜 からはじめる

野菜でととのう ヴィーガンレシピ

中島芙美枝

山と溪谷社

はじめに

食を変えると自分の体が変わり、心が変わり、毎日が変わる。

何を食べるかで人生がちょっと楽になる。

自分を見つめ、日本の風土や季節、自然の変化を感じながら料理をしていただく。些細だけれど大切なことを、多くの方に知ってもらいたいと食の道へ進みました。料理教室やお弁当の販売を通じて、私たちの体と生活の根本にある食の大切さを伝えています。

料理教室に来てくれるのは、冷え性、疲れやすい、睡眠不足、PMS、生理痛、更年期障害、肌荒れ、便秘といった不調に悩み、その場しのぎではない決定的な答えを探しているもののどうしたらよいかわからない、そんな女性たちです。

20年ほど前の私もそうでした。若い頃はとにかく無理がきく。数日徹夜をしても睡眠時間が短くても、ひと晩寝ればまたがんばれる。昼食はコンビニ弁当や菓子パンで済ませ、肩こりや偏頭痛、生理痛に悩まされながらも、マッサージや鎮痛剤でなんとなくその場をしのいでいました。

20代後半にさしかかると、吹き出物で肌が荒れはじめ、毎月の生理は鎮痛剤を服用しても歩くことすらつらい。これはさすがにおかしいと駆け込んだ病院で、婦人科系の疾患が見つかりました。

治療や手術を繰り返しても思うような日常生活を送ることができず、悶々とする日々の中で、「自分の体が変わらなければ一生同じことを繰り返すだけ」「体をつくっているのは食べるもの」という当たり前のことをやっと理解しました。

「食養」というと、なんだか見た目は茶色くて、味が薄い、手間もかかる……と思われがちですが、ここではそんな思い込みを取り払う、旬の野菜や食材を季節に合った調理法でいただく、元気になるごはんを紹介しています。気負わず気軽に、時間的にも経済的にもなるべく負担がなく、「体と心がととのうごはんを食べたい！作りたい！」をかなえるひとつの手段として、「季節の一汁一菜」からはじめてみてください。

食べることは生きること。

本書をきっかけに、食と体の関係性に少しでも多くの方が気づき、その人なりの食のあり方を見つけるためのヒントになればうれしいです。

中島芙美枝

無理なく手軽に、一汁一菜からはじめましょう。

食で体をととのえたいとき、あれもこれもと完璧を求めずみそ汁とおかず一品だけでもいい。まずは自分で作った一汁一菜からはじめてみてください。

外食が続いたとき、食べすぎたとき、食生活の乱れが気になったときも、季節の野菜で作る一汁一菜で体はととのいます。体のエネルギー源であるご飯と、旬の食材を使った汁物、それに小さなおかずがあれば十分。温かい汁物は、食事時の水分・栄養補給はもちろん、体を温めて代謝を高めてくれ、旬の野菜はその季節に必要なエネルギーを与えてくれます。少し続けると体が軽くなる、便通がよくなる、よく眠れるなど、〝ととのう〟感覚が実感できるはずです。

一汁一菜の組み合わせは難しく考える必要はありません。気分や体調に合わせて食べたいものを選ぶとストレスなく続けられますが、以下の2つを取り入れると、より心と体がととのう「食」を実感できます。

1つめは、味や調味料を変えて組み合わせること。たとえば酸味のあるおかずの「菜」と塩味の「汁」であるみそ汁。みそで味つけをした「菜」と甘いポタージュの「汁」など、味に変化をつけるとバランスがよくなります。

2つめは、野菜を種類別に組み合わせること。たとえば「菜」が青菜の場合は、「汁」に根菜や豆類を使います。一食であれこれとろうとするより、1日の食事でバランスをとる気軽さで作ってみてください。

慣れてきたらほんの少し栄養を意識して、①旬のアブラナ科の野菜、②ごまやくるみなどの種実類、③ひじきやわかめ、海苔などの海藻類を、1日のどこかでとれるように組み合わせます。

旬の素材を食べることが前提ですが、「秋」と「冬」のレシピは体調によって「春」や「夏」に取り入れても食べやすいことがあります。たとえば、春や夏に体が冷えていると感じたときには、素材が手に入る範囲で秋冬のレシピを参考にして作るのもおすすめです。臨機応変に、気軽に楽しくはじめてください。

Contents

春 — Spring —

目覚めのデトックスごはん

夏 — Summer —

冷やしすぎないミネラルごはん

秋
Autumn

内も外も
うるおうごはん

 秋の一汁一菜 …… 57

冬
Winter

なかから温める
ほっこりごはん

冬の一汁一菜 …… 75

私の料理の考え方

大切なのは、自分のライフスタイルや体に合わせて、その根本となる食をととのえること。
人それぞれに必要なものは異なるので、自分の体の声に耳を傾けてみましょう。

旬の食材を積極的に取り入れる

ビタミン、ミネラル、たんぱく質などの栄養も大事ですが、旬の食材から旺盛な生命力をいただくことも重要です。たとえば、きゅうりやトマトなどの夏野菜は、夏を生き抜くための水分を含んでいます。それを自分の体に合ったやり方で調理して取り込むことで、夏に感じていた不調が緩和されていきます。
※旬の時期は地域や気候によって前後します。

春の食材
新じゃがいも、新玉ねぎ、たけのこ、菜の花、春キャベツ、わらびなどの山菜、グリーンアスパラガス、スナップえんどう、わかめ、はっさくなど。

夏の食材
トマト、ピーマン、なす、ズッキーニ、パプリカ、きゅうり、枝豆、オクラ、しし唐辛子、モロヘイヤ、さやいんげん、とうもろこし、みょうが、大葉など。

秋の食材
れんこん、さつまいも、里いも、大根、かぼちゃ、じゃがいも、大豆などの豆類、新米、きのこ類、柿、りんごなど。

冬の食材
小松菜、ごぼう、にんじん、大和いも、かぶ、キャベツ、水菜、春菊、ブロッコリー、長ねぎ、白菜、きんかん、レモンなど。

自分に合う食材を選ぶ

旬の食材の中でも、自分が暮らす土地のものをいただくと、体が環境に適応しやすくなり無理なく過ごすことができます。人も自然の一部ですから、体になじみやすいのは地場のもの、ということです。地場のものがなければ国産を。遠方から輸送されたものより鮮度もよく安心です。

同じ味にならないのが当たり前

同じ料理を繰り返し作っても、同じ味にならないことはよくあること。それは失敗ではありません。なぜなら食材は時期、産地、品種により、大きさも水分量も味の濃さも異なり、そのときどきの体調によって必要とする、またおいしいと感じる味が変わるからです。家族に「今日の料理しょっぱいな」と言われたら、自分の体が塩分を必要としていたことがわかります。まずはレシピの量を目安にし、味見をして自分がおいしく感じる塩梅に調整してみてください。明確な分量より、感覚が教えてくれることもあります。

昔ながらの製法で作られた調味料を選ぶ

食で体をととのえるために、まず見直したいのが毎日使う調味料のこと。なかでも出番が多い塩やしょうゆ、酢、みそ、みりんは、天然素材を使って昔ながらの製法で作られたものが体にやさしくおすすめです。そこに麹を使った手作り調味料を加えれば、おいしいまでかないます。

何より、楽しくおいしく食べる

体と心はつながっていて、食べることもまた心身の状態を左右する大切な要素です。栄養バランスが完璧にととのった健康食をどんよりとした気持ちで食べるより、好きなものを笑って食べるほうが、心身のバランスがととのいます。楽しく、幸せな気持ちでいただくことで食べたものが身になる。それがいちばん大切なことかもしれません。

1 手作り調味料

私の料理を支えるもの

目に見える素材を使い、自分の「手」で作る調味料は、手の常在菌が個々にぴったりの味にしてくれて、料理を作ること、食べることが楽しくなります。さらに育てることで愛着も湧いてきます。なかでも基本の調味料に麴の調味料を組み合わせると、麴の甘みやうまみが加わって味つけがラクに。使う調味料の種類は減るのに味が決まる、おいしくなる、調理が簡単になって時短もかなう、といいことづくしです。

塩麹

麹と塩、水を混ぜるだけでおいしく育つ手軽で便利な塩麹は、私の料理に欠かせない発酵調味料のひとつ。発酵によって生まれる甘みとうまみが加わるので、いつも入れていたみりんや砂糖がいらなくなったり、だしがいらなくなったり。塩の代わりに使うだけで料理が驚くほどおいしくなります。はじめての発酵調味料にもおすすめです。

材料（容量250mℓの保存容器1本分）

生麹（米麹または玄米麹）... 100g
※生麹のほうが風味よく仕上がるが乾燥麹でもOK。
海塩 ... 35g
水 ... ½カップ＋つぎ足し用適量

作り方

1　麹はかたまりがあったら手でもみほぐす。

2　消毒をした保存容器（下記参照）に海塩と1を入れ、清潔なスプーンで全体がなじむようによく混ぜ合わせる（a）。

3　分量の水½カップを注ぎ入れ（b）、スプーンで底からすくって全体をよく混ぜ合わせる（c）。

4　ふたを軽く閉めて（完全に閉めない）室温にひと晩おく（d）。

5　翌日、つぎ足し用の水を麹の粒が頭を出さない程度にひたひたに足す（ここで水が少ないと発酵不良、多いと腐敗・悪臭の原因になるので注意）。清潔なスプーンで底からすくって全体をよく混ぜ合わせ、ふたを軽く閉める（完成まで完全に閉めない）。

6　1日1回、同様に全体を混ぜ、室温で夏は7日ほど、冬は10〜14日おく。麹が溶けてとろみがつき、ほんのり甘い香りがしてきたら出来上がり。その後はふたをしっかり閉めて冷蔵庫で保存し、3か月くらいを目安に使いきる。

保存容器の消毒の仕方

保存容器とスプーンは煮沸消毒する。またはきれいに洗って水けをしっかりふき取り、食品用アルコールスプレーを容器の内側と口まわり、ふた、スプーンに吹きかけ（アルコール度数70度以上の酒をペーパータオルに含ませてふいてもよい）、ペーパータオルでふき取って自然乾燥させる。

しょうゆ麹

発酵により、しょうゆに含まれる大豆成分のうまみがグッと増し、塩麹に比べてコクが生まれます。しょうゆの代わりに、またそのままソースやたれとして使ったり、ご飯にのせてもおいしいです。

材料（容量250mℓの保存容器1本分）

生麹（米麹または玄米麹）…100g
※生麹のほうが風味よく仕上がるが乾燥麹でもOK。
しょうゆ…½カップ＋つぎ足し用適量

作り方

1 麹はかたまりがあったら手でもみほぐす。

2 消毒をした保存容器（p.11参照）に1を入れ、しょうゆ½カップを注ぎ入れて清潔なスプーンで底からすくって全体をよく混ぜ合わせる。

3 ふたを軽く閉めて（完全に閉めない）室温にひと晩おく。

4 翌日、つぎ足し用のしょうゆを麹の粒が頭を出さない程度にひたひたに足し、清潔なスプーンで全体をよく混ぜ合わせ、ふたを軽く閉める（完成まで完全に閉めない）。

5 1日1回、同様に全体を混ぜ、室温で夏は7日ほど、冬は10〜14日おく。麹が溶けてとろみがついてきたら出来上がり。その後はふたをしっかり閉めて冷蔵庫で保存し、3か月くらいを目安に使いきる。

玉ねぎを加えるだけで甘みとうまみが倍増。うまみ調味料や洋風だしの代わりになり、スープや煮物はもちろん、ドレッシングやソースにも使えます。

玉ねぎ麹

材料（容量500mℓの保存容器1本分）

生麹（米麹または玄米麹）…100g
※生麹のほうが風味よく仕上がるが乾燥麹でもOK。
玉ねぎ…300g
海塩…35g

作り方

1 麹はかたまりがあったら手でもみほぐす。玉ねぎは皮をむき、すりおろす。またはざく切りにしてフードプロセッサーでペースト状にする。

2 消毒をした保存容器（p.11参照）に海塩と1の麹を入れ、清潔なスプーンで全体がなじむようよく混ぜ合わせる。

3 1の玉ねぎを汁ごと加え、同様に混ぜてふたを軽く閉める（完全に閉めない）。

4 1日1回、同様に全体を混ぜ、室温で夏は7日ほど、冬は10〜14日おく。玉ねぎの水分で麹が溶けてとろみがつき、玉ねぎが熟したような香りがしてきたら出来上がり。その後はふたをしっかり閉めて冷蔵庫で保存し、3か月くらいを目安に使いきる。

玉ねぎの皮でだしをとる

玉ねぎの皮3〜4個分を軽くもみ洗いして水けをきり、ふたつきの保存容器に入れて水1ℓほどを注ぎ、冷蔵庫でひと晩以上おけば完成。野菜だしとしていろいろな料理に使えます。

材料（作りやすい分量）

大豆（乾燥）...1kg

生麹（玄米麹）...1kg

海塩...370g + 仕上げ用30g

※仕上がりは5ℓほどのホーロー容器、木のたる、かめ、漬け物用のプラスチック容器などにちょうどよい分量。

※用意する道具は直径約32cmのボウル1個とざる、厚さ0.05mm前後の約5ℓ容量の漬け物用ポリ袋、落としぶた、1kgの重し（重しは塩1kgをポリ袋に入れたものでも）。

作り方

1. 大豆は洗って大きめのボウルに入れ、3倍量ほどの水に浸して18時間以上おく。大豆を指で割り、芯まで吸水していれば浸水完了。

2. 大きめの鍋に1を水ごと入れて弱火にかけ、吹きこぼれないように注意しながら2〜3時間ゆでる（水けが少なくなったらそのつど足す）。1粒取り、親指と小指で挟んでつぶれるくらいまでやわらかくなったらゆで上がり。

3. ボウルを当てたざるに上げてゆで汁をきり、人肌くらいまで冷ます。ゆで汁は取っておく。

4. 大きめのボウルに麹と海塩370gを入れ、両手ですりあわせながらしっとりするまでよく混ぜ合わせる（a）。

5. 3の大豆を用意したポリ袋に入れ、袋の上から手や空き瓶などでたたいたり押したりしてつぶし（b）、ペースト状にする
   ※ていねいにつぶすとなめらかに仕上がる。

6. 4に5を加えて手で全体をよく混ぜ合わせ（c）、3のゆで汁を少しずつ加えながら耳たぶくらいのやわらかさにする。

7. 野球ボールくらいの団子状に丸める（d）。

8. 消毒をした保存容器（p.11参照）に7を1つずつ投げ入れながら、空気が入らないように押しつぶしてすきまなく詰める。

9. 表面を手で平らにならし、仕上げ用の海塩30gを表面　にまぶす（e）。
   ※カビが心配な場合はみその表面をラップで覆う。

10. 木ぶたで落としぶたをして1kgの重しをのせ（f）、ふたをする。日が当たらない風通しのいい室内に1年ほどおいて完成。その後は、ホーロー容器などに小分けにして冷蔵庫で保存する。1年以上保存可能。

みそ

毎日のみそ汁に、また料理の味つけにも。じっくり熟成させた手作りみそは体リセットに大活躍。手軽に作れるレシピなので、はじめての方にもおすすめです。

市販のみそについて

天然醸造のものがおすすめ（p.93参照）。米みそや麦みそ、豆みそなど、好みのものを数種類用意し、春から夏は麦みそ、冬は体が温まる豆みそなど体調に合わせて使い分けても。

2 基本のだし

昆布だし

本書の基本のだしは、水出しのシンプルな昆布だしです。昆布を水に浸して冷蔵庫に常備しておけば、必要なときに使えて手間いらず。すっきりとした味わいで、料理の和洋を問わずに使えます。まずは、毎日欠かさずいただく汁物に使い、あとは料理の水分に昆布だしを加え、うまみを補強します。昆布のだしはうまみ成分であるグルタミン酸のほか、不足しがちなミネラルも豊富。食と健康を支えてくれるたのもしい存在です。

材料（作りやすい分量）

昆布（5×10cm）…1枚
水…1ℓ

作り方

昆布は乾いたふきんで表面の汚れをさっとふき取り、ふたつきの容器に入れて分量の水を注ぎ入れ、冷蔵庫でひと晩（約8時間）おく。昆布を浸したまま3日を目安に使いきる。

だしがら昆布もおいしく！

だしをとったあとの昆布にも食物繊維など栄養が残っているのでストックして料理に使います。刻んで炒め物や煮物、炊き込みご飯の具材に使っても。大量に消費したいときには、細切りにしてしょうゆとみりんで煮込んで佃煮に。常備菜として活躍します。

みそ汁1杯で体がととのう

日本が誇るスーパーフードのみそと昆布だし、旬の食材を組み合わせたみそ汁は、体をととのえてくれる最強の薬膳スープ。体を温めて消化吸収を高めるとともに解毒作用もあり、毎日の食卓に取り入れることで、自然に体のめぐりがよくなります。私は朝と晩、1日2回のみそ汁が習慣になっています。

みそ汁のコツ

おいしく作るポイントは、鍋にみそを溶き入れる前に、みそをすり鉢に入れてすりこぎでなめらかにすり、少しのだしで溶いてから火を止めた鍋に加える点。これでみそが溶けやすくなり、加熱をしないことで風味と香りが増し、みそのうまみが引き立ちます。

3 基本のご飯

玄米ご飯

いちぶつぜんたい一物全体、まるごと食べることができる玄米は白米に比べ、ビタミンやミネラル、食物繊維を豊富に含む理想的な主食。そんな玄米を基本に、季節や体質によって分づき米、麦を使い分けるのがおすすめです。玄米は消化しにくく胃に負担がかかるのでよく噛んで食べ、また玄米が重いと感じるときは、季節にかかわらず分づき米に替えてみてください。

材料（4〜5人分）

玄米...2合（360㎖）
水...720㎖（玄米の2倍量）
※鍋炊きの場合。
海塩...ひとつまみ

作り方

1 玄米はボウルに入れ、2〜3回やさしくすすぎ洗いする。蛇口の水は手を伝わせて入れ、1回目は両手で玄米をすくい、やさしくもむように洗って水を捨てる。これを2回ほど繰り返す。

2 ざるに上げて水けをきり、ボウルに入れて分量の水を張り、ひと晩（約8時間）浸水させる。

3 水ごと土鍋や厚手の鍋に入れ、海塩を加えてふたをしないで強めの中火にかける。ぶくぶく沸いてから1分ほどおいてふたをし、弱火にして40分炊く。

4 火を止めてそのまま15分ほど蒸らす。

5 ふたを取ってしゃもじでふんわりと天地を返し、おひつに移すか鍋にぬれぶきんをかけてふたをする。

季節で使い分けたいご飯の炊き方

［分づき米ご飯］

材料（4〜5人分）

分づき米（好みで7分、5分、3分）
...2合（360㎖）
水...7分づき432㎖（米の1.2倍量）、
5分づき468㎖（米の1.3倍量）、
3分づき540㎖（米の1.5倍量）
※鍋炊きの場合。
海塩...ひとつまみ

作り方

上記「玄米ご飯」の作り方にならい、1は同様にする。2では浸水時間を2〜3時間とし、3では最初からふたをして強めの中火にかける。沸騰したら弱火にして7分づきは20分、5分づきは25分、3分づきは30分を目安に炊く。4では火を止める直前に10秒ほど強火にしてから火を止め、そのまま15分ほど蒸らして5と同様にする。

［麦ご飯］

材料（4〜5人分）

玄米（または分づき米）...1.5合（270㎖）
ハト麦（好みの麦でOK）...0.5合（90㎖）
水...上記「玄米ご飯」または「分づき米ご飯」と同様
※鍋炊きの場合。
海塩...ひとつまみ

作り方

玄米にハト麦を合わせる場合は上記「玄米ご飯」の作り方、分づき米にハト麦を合わせる場合は上記「分づき米ご飯」の作り方と同様にする。

春 分づき米ご飯

夏 麦ご飯

食材を生かす調理のコツ

各レシピに出てくる食材をおいしくするひと手間をまとめました。
こちらを参考に、まずはレシピどおりに作ってみてください。

1 季節や体調に合わせて調理法を変える

暑い時期にフレッシュなサラダや冷たい
麺類を食べたくなるように、基本の調理
法には季節や体調によって合うもの合
わないものがあります。右記を参考に、
そのときどきで体が欲する料理法を選ぶ
と、心身が健やかにととのいます。

「生」「ゆでる」
春と夏の暖かい時期、体を軽くしたいとき、冷やしたいときに。

「蒸す」「煮る」
どの季節でも取り入れやすく、体のバランスをととのえる。

「煮込む」「揚げる」「焼く」
秋から冬の寒い時期、体が弱っていると感じるときに。加熱時間が長いほど、
また温度が高いほど、素材に火のエネルギーが入り、体を温める力をもらえる。

2 野菜はまるごと使う

野菜は皮をむかずにまるごと食べることで、生きた力をその
まま取り込むことができます。そのため購入するときは無農
薬のものを選び、上下中外を一切れにする切り方で栄養を
バランスよく取り入れます。じゃがいもの緑変した皮や芽のよ
うに毒素を含んでいる部分、口に残って食べられない部分
は取り除きますが、根っこや葉っぱはありがたくいただきま
す。取り除いたものでもひと手間加えて再利用できるものが
多いので、下記「捨てない工夫」を参照してください。

> **本書で使用する野菜はここを除きます**
> **皮**…たけのこ、玉ねぎ、にんにく、じゃがいも、里いも
> **ヘタ・がく**…きゅうり、オクラ、トマト、ミニトマト、なす、
> 　　　　　　さやいんげん
> **ヘタと種**…ピーマン（料理によって除かない）、パプリカ
> **種**…かぼちゃ
> **根元のかたい部分**…きのこ類（石づき）、モロヘイヤ、
> 　　　　　　グリーンアスパラガス
> **筋**…スナップえんどう

上下中外を一切れにする切り方
まず、にんじんなどを皮つきのまま斜め薄切りにし、次に写真の点線の
ように斜め細切りにします。これで中心から皮までをバランスよく一切
れにすることができます。

捨てない工夫

里いもの皮はチップスに（a）
里いもの皮にオリーブ油などを
まぶして塩をふり、180℃に予熱
したオーブンでカリッとするまで
15分ほど焼きます。

長ねぎの根っこはかき揚げに（b）
長ねぎの根は水につけて泥を取り除き、地粉（または小麦粉）
を同量の水で溶いた衣をつけて菜種油でサクサクに揚げま
す。すぐに使わない根は天日でカラカラに干し、密閉袋に入れ
て（c）冷蔵庫で保存すると日もちします。

大根の葉は再生させる（d）
新鮮な大根の葉は料理に使う以外
に、根元を切って水に浸して再生栽
培をしても。新芽が出たら切り取って
汁物などにパラッと入れられます。

3 青菜はサッとでゆでる

小松菜、菜の花、ケールなどの青菜のゆで方は、すべて海塩少々を入れた少量の湯に根元から入れて数秒おき（a）、葉先まで浸して5〜10秒数え（b）ざるに上げます。湯に色がついたり葉の色が悪くなるのはゆですぎです。そのままざるの上で水をきりながら余熱で火を入れてください（c）。栄養やうまみが抜けてしまうので、ぎゅっと絞る必要はありません。

4 ごまは使う前にいってする

ごまをフライパンに入れて火にかけ、香りが立ち少し色づくまでゆすりながらいって（a）、すり鉢で軽くすります（b）。これで香り、風味が格段にアップ。市販のいりごまやすりごまも、同様にいってから使うとおいしくなります。

5 くるみはローストする

くるみなどのナッツ類は生のものを購入し、160℃に予熱したオーブンで7分ほど焼いて使うのがおすすめ。市販のローストくるみの場合は、フライパンで軽くいってから使ってください。

6 炒める順番はえぐみの強いものから

数種類の野菜を炒めるさいは、レシピの手順どおりにえぐみ（アク）の強いものから入れてそのつど炒めると、えぐみが抜けて食べやすくなります。右記「きんぴらごぼう」の場合は、ごぼう（a）→れんこん（b）→にんじん（c）の順になります。

7 蒸して野菜の甘みを引き出す

本書の甘みの基本は野菜の甘みです。そのため炒め物や煮物でもふたをして蒸す工程を入れ、野菜の甘みをしっかり引き出します。

基本のごま和え

和え衣はそのままで、小松菜を菜の花、春菊など、季節の青菜に置き換えて応用できます。

［小松菜のごま和え］
材料と作り方（2人分）

小松菜150gは左の3と同様に根元から入れてさっとゆで、水けをきって食べやすい大きさに切る。白ごま大さじ2は左の4と同様にいってすり鉢であたり、しょうゆ大さじ1を加えて混ぜ、小松菜を加えてよく和える。

基本のきんぴら

味つけはそのままで、根菜類を季節の野菜に置き換えて楽しんでください。

［きんぴらごぼう］
材料と作り方（2人分）

ごぼう50g、にんじん30gは、p.16の2の切り方と同様に斜め細切り、れんこん75gは薄いちょう切りにする。鍋にごま油小さじ1½を入れて中火で熱し、左の6と同様にごぼう、れんこん、にんじんの順に加え、そのつど炒める。昆布だし（p.14参照）½カップを加えてふたをし、5分ほど蒸し煮にする。野菜がやわらかくなったらしょうゆ大さじ1を加えて混ぜ、水分を飛ばす。

春

Spring

目覚めのデトックスごはん

冬の寒さが穏やかになり、縮こまっていた体が動きはじめる春。
滞りがちになっていた体のめぐりを活発にし、たまった脂肪や毒素などの
老廃物を排出する解毒（デトックス）の季節でもあります。
この解毒を助けてくれるのが、春の野草や野菜。
「春は苦みを食べよ」と言われるように、苦みが毒出しにひと役かってくれます。
酸味とともに取り入れて解毒を司る肝臓の働きをサポート。
しっかりデトックスしておくと、暑い季節の体調維持につながります。

——— 春の一汁一菜

春の気配を感じる大地に、にょきにょきと顔を出すたけのこや山菜。ぐんぐん生長する菜の花は、旺盛なエネルギーにあふれています。そんな春の苦みを楽しむ野草や野菜を「汁」と「菜」のどちらかに使い、新じゃがいもや春キャベツ、新玉ねぎといった春ならではの甘い野菜を組み込みます。できれば菜の花や春キャベツなど、春のアブラナ科の野菜を1日に1回とるのが理想です。味つけは一汁一菜の中で酸味と苦みをバランスよく。ここでは「菜の花のナムル」（p.29）にりんご酢の酸味、「新じゃがのターメリックポタージュ」（p.32）にはターメリックで苦みを加えて。ご飯は、「玄米ご飯」が重く感じられたら「分づき米ご飯」（いずれもp.15）に替え、胃腸への負担を軽くするのもおすすめです。

たけのこのつくね

スーパーで新鮮なたけのこを見つけたら積極的に食卓へ。
この時期だけ味わえる春の特別なおいしさをつくねにしました。
カリウムと食物繊維が豊富で、春のデトックスにもおすすめですよ。

材料 (6個分)

たけのこの水煮 (下記参照) ...50 g
玉ねぎ (みじん切り) ...½個分
A おから...70 g
   ローストくるみ (p.17の5参照／細かく砕く) ...20 g
   無調整豆乳...¼カップ
   くず粉...25 g
<甘だれ>
   しょうゆ...大さじ3
   みりん...大さじ3

菜種油...適量
大葉...適量

作り方

1 たけのこの水煮は1cm角に切る。甘だれの材料は合わせて混ぜる。

2 鍋に菜種油小さじ1を入れて中火で熱し、玉ねぎを入れて透きとおるまで炒めて取り出す。

3 ボウルに1のたけのこと2、Aを入れて手でしっかり混ぜ合わせ、6等分にしてそれぞれを円盤形に成形する。

4 鍋に菜種油大さじ1を入れて中火で熱し、3を並べ入れて両面に焼き色がつき、カリッとするまで焼く。

5 鍋のふちから1の甘だれを回し入れ、手早くからめる。

6 器に大葉を敷き、5を盛る。

たけのこの水煮

材料 (作りやすい分量)

たけのこ (皮つき) ...2〜3本
米ぬか...1カップ
赤唐辛子...1本

作り方

1 たけのこは泥がついた外側の皮を2〜3枚むき、さっと洗う。穂先を斜めに切り落とし、縦に切り込みを入れる。

2 鍋に1とたけのこがかぶる程度の水、米ぬか、赤唐辛子を入れ、たけのこが浮かないように落としぶたをして強火にかける。

3 沸騰したらふつふつと沸くらいの弱火にし、アクを取りながら1時間ほどゆでる (途中、湯が少なくなったら水を足す)。竹串がすっと通るくらいやわらかくなったら火を止め、そのままひと晩おく。

4 3を洗って皮をむき、縦半分に切って保存容器に入れ、水をひたひたに注いで冷蔵庫で保存する。毎日水を替えながら、3〜4日保存可能。

新じゃがだけのコロッケ

炒めた玉ねぎいらずで簡単に作れるコロッケ。
やわらかく香りも高い新じゃがだけのぜいたくな味わいを、
サクサクの衣に閉じ込めてみました。

材料 （4個分）

新じゃがいも ... 中2個
玉ねぎ麹（p.12参照）... 大さじ1
水溶き地粉 ... 地粉（または小麦粉）15g
　＋水大さじ2
※混ぜ合わせて溶き卵くらいのとろみにする。
パン粉 ... 適量
揚げ油（菜種油）... 適量
サニーレタス ... 適量
＜マスタードソース＞
　しょうゆ麹（p.12参照）... 大さじ2
　粒マスタード ... 大さじ1

作り方

1 鍋に皮つきの新じゃがいもといもが半分くらい
　つかる程度の水を入れてふたをし（a）、中火
　にかけてゆでる。いもに竹串がすっと通ったら
　ざるに上げる。

2 粗熱がとれたら皮をむき、ボウルに入れて温か
　いうちにマッシャーやフォークなどでつぶす。

3 玉ねぎ麹を加えてよく混ぜ合わせ、なめらかに
　なったら4等分して好みの形に成形し、水溶
　き地粉、パン粉の順に衣をつける。

4 鍋に揚げ油を1〜2cm深さで入れて170〜
　180℃に熱し、3を入れてときどき返しながら
　きつね色になるまで揚げて油をきる。

5 器にサニーレタスを敷いて4を盛り、混ぜ合
　わせたマスタードソースを添える。

高野豆腐の照り煮

湿気が多い梅雨どきは体が重くなりがち。
そんな体のだるさを乾物の高野豆腐と陳皮で軽やかにととのえます。

材料（2人分）

高野豆腐 ... 2枚
くず粉 ... 大さじ3
A｜昆布だし（p.14参照）... 1カップ
　｜陳皮（みかんの皮を乾燥させたもの〈a〉）... 5g
　｜しょうゆ ... 大さじ1
菜種油 ... 適量

a

作り方

1 高野豆腐は水に30分ほど浸して戻し、水けをぎゅっと絞って4等分に切り、くず粉を薄くまぶす。

2 フライパンに菜種油大さじ1を入れて中火で熱し、1を並べ入れて上下を返しながら揚げ焼きにし（途中、菜種油が減ったら適量を足す）、カリッとしたら取り出す。

3 鍋にAを入れて中火にかけ、沸騰したら2を加えて汁けが半分くらいになるまで煮る。

4 器に盛り、煮汁をかける。
※陳皮は食べない。

まるごと春キャベツのじっくり焼き

旬の春キャベツのおいしさと栄養をまるっといただく一品。
蒸し焼きにするのでビタミンCも流れにくく、かさが減ってたくさん食べられます。

材料（2人分）

春キャベツ...¼個
海塩...小さじ½
菜種油...大さじ1
水...大さじ1

作り方

1 春キャベツは芯をつけたまま縦半分に切る。

2 厚手の鍋に1を並べ入れ、海塩、菜種油、分量の水をふりかける（a）。
※ここでは水を最小限にし、加熱中に足りないようなら水を少量足す。

3 ふたをして弱火にかけ、水分がなくなるまで蒸し煮にする。

4 芯がやわらかくなったら火を止め、そのまま余熱で10分蒸す。

長いもの梅みそ春巻き

じめじめとする梅雨におすすめの梅を使ったさっぱり揚げ物。
皮のパリッ、長いものシャキシャキ＆ほくほく食感も同時に楽しめます。

材料（8本分）

長いも...300g
梅干しの果肉...1個分
麦みそ...小さじ1
※麦みそがなければ米みそで代用可。
春巻きの皮...8枚
大葉...8枚
水溶き地粉...地粉（または小麦粉）15g＋水大さじ2
※混ぜ合わせて溶き卵くらいのとろみにする。
揚げ油（菜種油）...適量

作り方

1 長いもは皮つきのまま10×1cm角の棒状に切る。

2 梅干しの果肉は包丁でたたき、器に入れて麦みそを混ぜる。

3 春巻きの皮は角を手前にして広げ、大葉1枚をのせて2をゴムべらなどで⅛量塗る（a）。その上に1を3〜4切れのせて（b）両端を折り込んで巻き、巻き終わりに水溶き地粉をつけて留める。同様に計8本作る。

4 鍋に揚げ油を1〜2cm深さで入れて170〜180℃に熱し、3を入れてきつね色になるまで揚げて油をきる。

5 食べやすく切って器に盛る。

焼きたけのこと菜の花のサラダ

たけのこと菜の花が持つ春ならではの苦みを
みずみずしい新玉ねぎのドレッシングで包み込む春満載の一皿です。

材料 (2人分)

菜の花 ... 30 g
たけのこの水煮 (p.21参照) ... 100 g
＜新玉ドレッシング＞
　新玉ねぎ (ざく切り) ... 35 g
　塩麹 (p.11参照) ... 大さじ 1
　ホワイトバルサミコ (または米酢) ... 大さじ 3
　オリーブ油 ... 大さじ 6
　にんにく (包丁の腹でつぶす) ... ½かけ
にんにく (包丁の腹でつぶして薄切り) ... ½かけ分
ローズマリー ... 1本
菜種油 ... 小さじ 2

作り方

1　菜の花は、海塩少々 (分量外) を入れた少量の湯に根元から入れて10秒ほどゆでる。ざるに上げて水けをきり、3cm長さに切る。

2　たけのこの水煮は一口大に切る。新玉ドレッシングは材料を合わせてブレンダーなどで撹拌する。

3　フライパンに菜種油、にんにく、ローズマリーを入れて弱火にかけ、油に香りを移すように炒める。

4　2のたけのこを加え、軽く焦げ目がつくまでじっくり焼き、1を加えてさっと炒め合わせる。

5　器に盛り、2の新玉ドレッシングをかける。

わらびの塩麹ナムル

新鮮な山菜に出合ったらアク抜きをしてちょこちょこ食卓へ。
麹調味料を使ってナムルにすれば調理も簡単。手軽においしくデトックスできます。

材料（2人分）

わらび（アク抜きをしたもの／下記参照）... 100 g
A｜塩麹（p.11参照）... 小さじ2
　｜白すりごま（p.17の4参照）... 大さじ½
ごま油 ... 適量

作り方

1　わらびは食べやすい長さに切る。

2　鍋にごま油小さじ½を入れて中火で熱し、1を入れてさっと炒める。

3　ボウルに2とA入れて混ぜ合わせ、ごま油少々を回しかけてさっと混ぜる。

わらびのアク抜きの仕方

鍋に2ℓほどの湯を沸かし、重曹小さじ1、わらび適量を入れ、10秒ほどゆでて火を止める。そのままおいて冷めたら（長く浸けるとやわらかくなりすぎるので注意）、保存容器に入れてきれいな水を注ぎ、水に浸した状態で冷蔵庫で保存する。ときどき水を替えながら、5日ほど保存可能。

ひよこ豆とひじきのすっぱ和え

梅雨時期のだるさや疲労には、酢の酸味が効果的。
パクパクとお箸がすすむ一品です。

材料（2人分）

ひよこ豆の水煮（下記参照）...50g
芽ひじき（乾燥／水で戻して水けをきる）...10g
梅干しの種...1個
しょうゆ...小さじ1
米酢...大さじ2
赤玉ねぎ（薄切り）...30g
にんじん（斜め細切り／p.16の2参照）...20g
大葉（手で細かくちぎる）...10枚
ローストくるみ（p.17の5参照／細かく砕く）...15g
海塩...少々
オリーブ油...小さじ½
ごま油...小さじ1

作り方

1 鍋にごま油を入れて中火で熱し、芽ひじき
を入れてさっと炒める。水½カップ、梅干し
の種を加えて水分がなくなるまで煮て、しょ
うゆを加えて味をととのえる。

2 別の鍋に米酢と水大さじ1を入れて火にか
け、沸騰したら火を止める。赤玉ねぎを加
え、冷ましながらきれいに発色するまでおく。

3 ボウルに、1、2、ひよこ豆の水煮、にんじん、
大葉、ローストくるみを入れて和える。海塩
を加えて味をととのえ、オリーブ油を回しか
け、梅干しの種を除いて器に盛る。

ひよこ豆の水煮

材料と作り方（作りやすい分量）　ひよこ豆（乾燥）200gは軽く洗い、水1ℓにひと晩つけ
て戻す。鍋にひよこ豆を戻した水ごと入れて塩小さじ1を加え、強火にかける。沸騰
したら弱火にし、30分ほどゆでる。そのまま冷ましてゆで汁ごと保存容器に入れて冷
蔵庫で保存する。ときどき水を替えながら、1週間ほど保存可能。

菜の花のナムル

菜の花はさっとゆで、切り干し大根は
水に浸さず、うまみをたっぷり残します。

春野菜とはっさくの塩麹和え

春の柑橘の爽やかな酸味を生かした和え物。
旬が短いアスパラガスは栄養たっぷり。

材料（2人分）

菜の花 ... 50g
切り干し大根 ... 10g
にんじん（斜め細切り／p.16の**2**参照）... 30g
A｜塩麹（p.11参照）... 小さじ1
　｜しょうゆ麹（p.12参照）... 小さじ1
　｜りんご酢 ... 大さじ1
ごま油 ... 小さじ½
白すりごま（p.17の**4**参照）... 大さじ1

作り方

1 菜の花は、海塩少々（分量外）を入れた
少量の湯に根元から入れて10秒ほど
ゆでる。ざるに上げて水けをきり、3cm
長さに切る。

2 切り干し大根は水で軽く洗ってざるに
上げ、そのまま10分ほどおいて戻し、
食べやすい長さに切る。

3 ボウルに1と2、にんじん、Aを入れて
和え、ごま油を回しかけてさっと混ぜ
る。

4 器に盛り、白すりごまをふる。

材料（2人分）

はっさく（薄皮をむき半分に割る）... ½〜1個
かぶ（茎を1cmほど残して葉を切り落とし、くし形切り）
　 ... 2個分
グリーンアスパラガス（3cm長さに切る）... 3〜4本
スナップえんどう（または絹さや／筋を取る）
　 ... 4〜5本
A｜塩麹（p.11参照）... 小さじ2
　｜オリーブ油 ... 小さじ2
　｜海塩 ... 少々
海塩 ... 適量
菜種油 ... 小さじ½

作り方

1 ボウルにAを入れて混ぜ合わせ、はっさく
½量を加えて和え、10分ほどおく。

2 鍋に菜種油を入れて中火で熱し、かぶと
グリーンアスパラガスを入れて焼き色を
つける。

3 海塩少々を入れた湯にスナップえんどう
を入れて1分ゆで、ざるに上げる。

4 1に2、3、残りのはっさくを入れてはっさく
がくずれないように和え、海塩少々で味を
ととのえる。

菜の花と生わかめのみそ汁

日本人のミネラル源として貴重な海藻は1日1回はとりたい食材。
春は旬の生わかめをおいしくいただきましょう。

材料（2人分）

菜の花...30g

生わかめ（または乾燥わかめ）...30g
※乾燥わかめの場合は分量を2gにし、水に15分ほど浸して戻す。

油揚げ...½枚

昆布だし（p.14参照）...1½カップ

みそ（p.13参照）...大さじ1

作り方

1 菜の花は3cm長さに切り、生わかめは湯でさっとゆがいて食べやすい大きさに切る。油揚げは熱湯をかけて油抜きし、縦半分に切ってから横5mm幅に切る。

2 鍋に昆布だしを入れて中火にかけ、沸騰したら1の菜の花の茎の部分、油揚げ、生わかめ、菜の花の穂先の順に加え、ひと煮立ちさせて火を止める。

3 みそをすり鉢に入れてなめらかになるまですり、2のだしをお玉1杯分加えて溶く。2の鍋に戻し入れ、みそを完全に溶かす。

梅干しと
とろろ昆布のみそ汁

梅干しの酸味が体にしみ渡り元気に。
昆布だしの代わりに湯を注いでも。

材料（2人分）

A｜梅干し...2個
　｜とろろ昆布...適量
　｜焼き麩（ふ）...8個
昆布だし（p.14参照）...1½カップ
みそ（p.13参照）...小さじ½
青ねぎ（小口切り）...適量

作り方

1　器にAをそれぞれ均等に入れる。

2　鍋に昆布だしを入れて中火にかけ、沸騰したら火を止める。

3　みそをすり鉢に入れてなめらかになるまですり、2のだしをお玉1杯分加えて溶く。2に戻し入れ、みそを完全に溶かす。

4　1に3を注ぎ、青ねぎを散らす。

春キャベツと
アスパラガスのみそ汁

春になってみそ汁が重いなぁと感じる方は、
軽やかな麦みそをお試しください。

材料（2人分）

春キャベツ（ざく切り）...50g
グリーンアスパラガス（3cm長さに切る）...40g
昆布だし（p.14参照）...1½カップ
麦みそ...大さじ1
白いりごま（p.17の4参照）...ひとつまみ

作り方

1　鍋に昆布だしを入れて中火にかけ、沸騰したら春キャベツとグリーンアスパラガスを加え、やわらかくなったら火を止める。

2　麦みそをすり鉢に入れてなめらかになるまですり、1のだしをお玉1杯分加えて溶く。1の鍋に戻し入れ、みそを完全に溶かす。

3　器に注ぎ、白いりごまをひねり入れる。

甘々、新玉ねぎだけのポタージュ
あまあま

塩麹でさらに甘みが増した新玉ねぎで血流を促し、
デトックスにも役立つスープに。

材料（2人分）

新玉ねぎ ... 1個（200g）
昆布だし（p.14参照）... 1½カップ
塩麹（p.11参照）... 大さじ1
菜種油 ... 小さじ2
オリーブ油 ... 小さじ1
粗びき黒こしょう ... 少々

作り方

1 新玉ねぎは縦半分に切り、薄いくし形切りにする。

2 鍋に菜種油を入れて中火で熱し、1を入れて半透明になるまで炒める。

3 昆布だしを加え、新玉ねぎに火が通るまで煮て、塩麹を加えてさっと煮る。

4 火を止めてハンドブレンダーなどでなめらかになるまで攪拌する。

5 器に盛り、オリーブ油を回しかけ、粗びき黒こしょうをふる。

新じゃがのターメリックポタージュ

春の甘みたっぷりの新じゃがに、
肝臓の働きを高めるターメリックで春のデトックスを助けます。

材料（2人分）

新じゃがいも ... 中1〜2個（200g）
新玉ねぎ ... 80g
昆布だし（p.14参照）... 1½カップ
海塩 ... 小さじ½
ターメリック（またはカレー粉）... 1g（小さじ約½）
菜種油 ... 小さじ2
パセリ（みじん切り）... 少々

作り方

1 新じゃがいもは乱切り、新玉ねぎは薄いくし形切りにする。

2 鍋に菜種油を入れて中火で熱し、新玉ねぎ、新じゃがいもの順に入れてそのつど炒める。

3 昆布だしを加え、新じゃがいもがやわらかくなるまで煮る。

4 火を止めてハンドブレンダーなどでなめらかになるまで攪拌する。

5 海塩とターメリックを加えて混ぜ、味をととのえる。器に盛ってパセリを散らす。

春の山菜いなり

暖かくなるとひな祭りやお花見、端午の節句と楽しい行事が待っています。
せっかくなので旬の山菜をたっぷり詰め込んだ
春ならではのおいなりさんでお祝いを。

材料（14個分）

＜酢飯＞

炊きたての玄米ご飯（p.15参照）
…2合分
※水の代わりに昆布だしで炊くとよりおいしい。
ホワイトバルサミコ…大さじ4
※米酢大さじ4＋みりん大さじ1で代用可。
その場合、下記塩は小さじ½に変更する。
海塩…ひとつまみ

＜いなり揚げ＞

油揚げ…7枚
昆布だし（p.14参照）…1カップ
しょうゆ…¼カップ
みりん…¼カップ

＜具材＞

好みの山菜類（たけのこの水煮〈p.21〉、うど、
アク抜きしたわらび〈p.27〉、たらの芽など）
…合わせて150g
ごま油…小さじ1
しょうゆ…小さじ½

＜紅しょうが＞

しょうが（薄切り）…1かけ分
梅酢（赤）…大さじ2
白すりごま（p.17の4参照）…大さじ2

作り方

1　紅しょうがを作る。ボウルにしょうがと梅酢を入れて2〜3時間漬ける。

2　酢飯を作る。飯台（またはボウル）に炊きたての玄米ご飯を入れてホワイトバルサミコと海塩をふり入れてまぶし、うちわであおぎながらしゃもじで切るように混ぜる。

3　いなり揚げを作る。油揚げは菜箸を転がして内側をはがれやすくし、横半分に切って切り口から袋状に開く。熱湯をかけて油抜きをし、水けを軽く絞る。

4　鍋に3と昆布だし、しょうゆ、みりんを入れて弱火にかけ、煮汁が半量になるまで煮る。そのまま冷まして味を含ませる。

5　具材を作る。山菜類は1〜2cm幅に切り、厚いものは薄切りにし、ごま油を熱したフライパンに入れてさっと炒め、しょうゆを加えて味をととのえる。

6　2に5、白すりごまを加えてしゃもじで切るように混ぜ込み、14等分する。

7　4の汁けを軽くきって切り口を内側に折り込み、6を軽くまとめて詰め、形をととのえる。器に盛り、水けをきった1を添える。

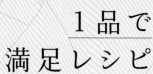

Special

1品で満足レシピ

ひよこ豆のみそカレー

梅雨時の不調にはスパイスの力を借りた養生食を。
体を冷やさないように発酵調味料を組み合わせるのがポイントです。
麹のうまみで野菜だけでも満足感が得られます。

材料（作りやすい分量）

ひよこ豆の水煮（p.28参照）…200g
ひよこ豆の水煮のゆで汁（p.28参照）…40㎖
A｜にんにく（みじん切り）…1かけ分
　｜しょうが（みじん切り）…1かけ分
　｜赤唐辛子…1本
　｜カレー粉…大さじ1
玉ねぎ（みじん切り）…½個分
生しいたけ（または好みのきのこ／みじん切り）
　…3〜4個分
B｜みそ（p.13参照）…小さじ2
　｜塩麹（p.11参照）…小さじ1
温かい分づき米ご飯（または温かい玄米ご飯
　／いずれもp.15参照）…適量
菜種油…大さじ2

作り方

1　鍋に菜種油、Aを入れて弱火にかけ、香りが立つまで炒める。玉ねぎ、生しいたけを加え、しんなりするまで10分ほど炒める。

2　ひよこ豆の水煮とひよこ豆の水煮のゆで汁を加え、5分ほど煮る。

3　全体がなじんだらBを加えて混ぜ、味をととのえる。

4　器に分づき米ご飯を盛り、3をかける。

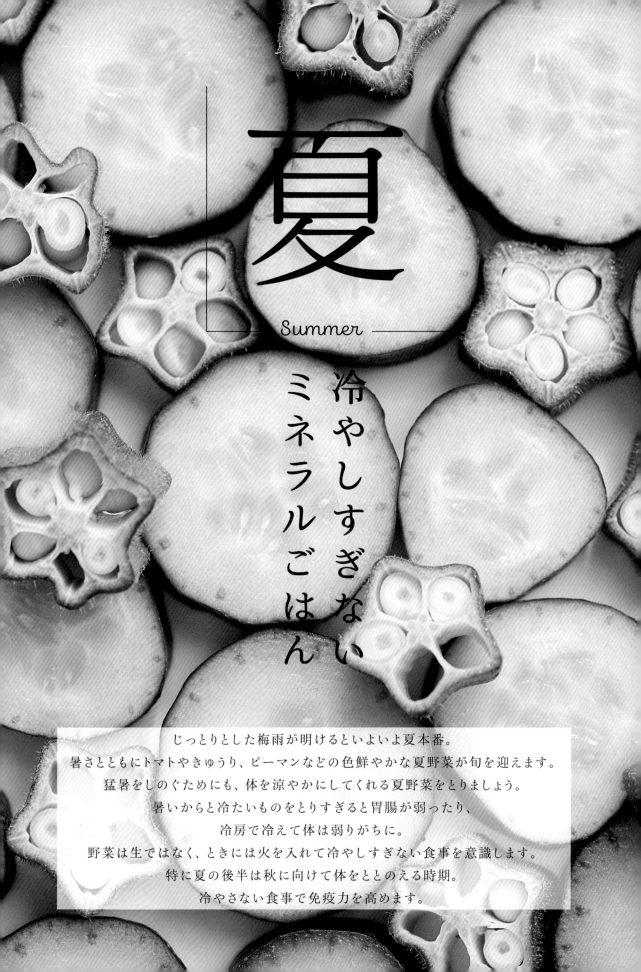

夏 Summer

冷やしすぎないミネラルごはん

じっとりとした梅雨が明けるといよいよ夏本番。
暑さとともにトマトやきゅうり、ピーマンなどの色鮮やかな夏野菜が旬を迎えます。
猛暑をしのぐためにも、体を涼やかにしてくれる夏野菜をとりましょう。
暑いからと冷たいものをとりすぎると胃腸が弱ったり、
冷房で冷えて体は弱りがちに。
野菜は生ではなく、ときには火を入れて冷やしすぎない食事を意識します。
特に夏の後半は秋に向けて体をととのえる時期。
冷やさない食事で免疫力を高めます。

夏の一汁一菜

夏のミネラル補給にも、みそ汁はパーフェクト。汗をたくさんかいた日は、「汁」も「菜」もいつもより塩分をきかせ、体のミネラルバランスを維持することが大切です。また上写真の「パプリカとピーマンの焼き浸し」（p.42）と「きゅうりのみそ汁」（p.49）のように、冷やした「菜」には必ず温かい「汁」を添え、胃腸をいたわります。サラダなど野菜を生でいただく「菜」は、みそ汁と組み合わせると体の冷えをカバーできます。暑い夏のご飯は、軽くて栄養満点の麦類を玄米や分づき米に混ぜた「麦ご飯」（p.15）がおすすめ。さらっと食べられるそうめん、ひやむぎ、パスタなどを主食にするのも、冷やしすぎない暑気払いにぴったりです。

みそラタトゥイユ

夏野菜をたっぷり使いながらも体を冷やしすぎないように
みそで味つけしてほどよくクールダウン。
素材とみその風味を生かすため、みそは混ぜ込まず
野菜の上にちょんちょんとのせて蒸し煮にするのがポイントです。

材料（2人分）

ミニトマト...15個
ピーマン...1個
なす...1本
ズッキーニ...½本
長ねぎ...1本
大葉...6枚
にんにく（みじん切り）...1かけ分
みそ（p.13参照）...小さじ2
海塩...小さじ½
オリーブ油...小さじ1

作り方

1 ミニトマトは縦半分、ピーマン、なす、ズッキーニは2cm角に切る。長ねぎは2cm長さのぶつ切り、大葉は手で細かくちぎる。

2 鍋にオリーブ油を入れて中火で熱し、にんにくを入れて炒める。香りが立ったら1を一度に加え、さっと炒める。

3 全体に油が回ったら、みそを野菜の上に少量ずつ散らしてのせる（a）。

4 ふたをして弱火にし、10分ほど蒸し煮にする。

5 ふたを取り（b）、水分を飛ばしながら、みそがなじむまで混ぜながら炒める。最後に海塩を加えて混ぜ、味をととのえる。

夏のチョップドサラダ

夏野菜のビタミンがたっぷり詰まったカラフルなサラダ。
暑さ極まる夏の日に、生野菜を取り込んで体の内側から涼やかに。

材料（2人分）

枝豆（さやつき）...50g
海塩...8g
ミニトマト...5個
赤パプリカ...½個
紫キャベツ...50g
きゅうり...1本
＜トマトドレッシング＞
トマト...½個
にんにく...½かけ
玉ねぎ...⅛個（10〜20g）
塩麹（p.11参照）...大さじ2
オリーブ油...大さじ4

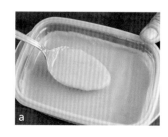

作り方

1 枝豆はさっと洗って水けをきり、海塩の半量をまぶしてもみ込む。小鍋に1カップの湯を沸かし、残りの海塩と枝豆を入れて3分ほどゆでる。ざるに上げて冷まし、さやから豆を取り出す。

2 ミニトマトは縦半分、赤パプリカと紫キャベツは1cm角に切る。きゅうりは海塩小さじ½（分量外）をまぶして板ずりし、さっと洗う。ヘタを切り落として切り口同士を30秒ほどこすりつけてアク抜きし、さっと洗って縦4等分に切り、横1cm幅に切る。

3 トマトドレッシングを作る。材料はすべてぶつ切りにして合わせ、ハンドブレンダーなどで攪拌する（a）。

4 ボウルに1と2を入れ、3を大さじ1程度残して加え、混ぜ合わせる。

5 器に盛り、残りの3を回しかける。

切り干し大根のトマト煮

和食だけじゃない切り干し大根のおいしい食べ方です。
火をしっかり通した夏野菜は、エアコンで冷えた体をやさしくととのえます。

材料（2人分）

切り干し大根 ... 20g
にんにく（みじん切り）... ½かけ分
カレー粉 ... 小さじ½
玉ねぎ（2㎝角に切る）... ½個
ミニトマト（縦半分に切る）... 8個
海塩 ... 少々
塩麹（p.11参照）... 大さじ½
大葉（手で小さくちぎる）... 適量
菜種油 ... 大さじ1½

a

作り方

1 切り干し大根は水で軽く洗ってざるに上げ、そのまま10分ほどおいて戻し（a）、食べやすい長さに切る。

2 鍋に菜種油、にんにく、カレー粉を入れて弱火で炒める。香りが立ったら玉ねぎ、ミニトマト、1を順に加え、そのつど炒める。

3 海塩をふってふたをし、弱火で15分ほど蒸し煮にする。

4 野菜がくたっとしてきたら、塩麹と大葉を加えてさっと混ぜる。

パプリカとピーマンの焼き浸し　→レシピ p.44

きゅうりとオクラのとろとろ煮　→レシピ p.44

夏野菜の梅マリネ　→レシピ p.45

にんじんと切り干し大根のハーブ和え　→レシピ p.45

パプリカとピーマンの焼き浸し

梅干しをきかせた爽やかな焼き浸しで
旬のパプリカとピーマンをたっぷりいただきます。

材料（2人分）

赤パプリカ...½個
ピーマン...3個
A｜梅干しの果肉（包丁でたたく）...1個分
　｜昆布だし（p.14参照）...½カップ
　｜しょうゆ...小さじ1
菜種油...小さじ2

作り方

1 ボウルにAを入れて混ぜ合わせ、保存容器に入れる。赤パプリカとピーマンは縦半分に切り、縦2cm幅に切る。

2 フライパンに菜種油を入れて中火で熱し、1の赤パプリカとピーマンを入れて両面に焼き色がつくまでじっくり焼く。

3 熱いうちに1の保存容器に入れて浸し、冷めたら冷蔵庫で1時間以上冷やす。

きゅうりとオクラのとろとろ煮

体を涼やかにするきゅうりに火を入れ、
オクラととろろ昆布と合わせてとろっと煮ます。
冷やしてもおいしいです。

材料（2人分）

きゅうり...1本
オクラ...5本
海塩...適量
にんにく（みじん切り）...½かけ分
昆布だし（p.14参照）...¼カップ
梅干しの果肉（包丁でたたく）...½個分
とろろ昆布...4g
塩麹（p.11参照）...小さじ1
※梅干しの塩分量により加減する。
菜種油...小さじ1

作り方

1 きゅうりは海塩小さじ½をまぶして板ずりし、さっと洗う。ヘタを切り落として切り口同士を30秒ほどこすりつけてアク抜きし、さっと洗って縦半分に切り、3cm長さに切る。オクラは海塩少々をまぶして板ずりし、がくを落として3cm長さに切る。

2 鍋に菜種油を入れて中火で熱し、にんにくを入れて炒める。香りが立ったら1を加えてさっと炒め、昆布だしを加えてオクラがとろっとするまで10分ほど煮る。

3 梅干しの果肉、とろろ昆布、塩麹を加えて混ぜ合わせ、味をととのえる。

夏野菜の梅マリネ

ミネラル、クエン酸たっぷりの梅干しとスパイスを合わせて
だれがちな体をととのえる夏のマリネに。

材料（2人分）

＜梅のマリネ液＞
梅干しの果肉...1個分
しょうゆ...大さじ1
カレー粉...小さじ½
オリーブ油...大さじ2½
ごま油...大さじ2½
ズッキーニ...¼本
なす...1本
ピーマン...1個
しし唐辛子...4本
※好みの夏野菜でOK。
揚げ油（菜種油）...適量

作り方

1 ボウルに梅のマリネ液の材料を合わせてよく混ぜる。

2 ズッキーニ、なすは1cm幅の輪切りにし、ピーマンとしし唐辛子は竹串で数か所穴をあけ、それぞれ水けをしっかりふき取る。

3 鍋に揚げ油を5cm深さで入れて170〜180℃に熱し、2をこんがりするまで素揚げして油をきる。

4 熱いうちに1に加えて和える。

にんじんと切り干し大根の
ハーブ和え

野菜中心の食卓に栄養価の高い根菜と
旬のハーブを組み合わせてバランスよく。

材料（2人分）

にんじん（斜め細切り／p.16の2参照）...½本分
切り干し大根...10g
にんにく（みじん切り）...½かけ分
マッシュルーム（みじん切り）...2個分
しょうゆ...小さじ1
好みのハーブ類（ミント、コリアンダー、パセリなど
　／みじん切り）...合わせて10g
ローストくるみ（p.17の5参照／細かく砕く）
　...10g
梅酢（赤または白）...大さじ1
粗びき黒こしょう...少々
菜種油...小さじ½

作り方

1 切り干し大根は水で軽く洗ってざるに上げ、そのまま10分ほどおいて戻し、食べやすい長さに切る。

2 鍋に菜種油を入れて中火で熱し、にんにくとマッシュルームを炒める。香りが立ったらしょうゆを回し入れ、全体を混ぜ合わせて火を止める。

3 ボウルに2を入れて粗熱をとり、ハーブ類、ローストくるみ、梅酢、粗びき黒こしょうを加えて混ぜ合わせ、にんじんと1を加えてよく和える。

いんげんの黒ごま和え

旬の青い豆は植物性の新鮮なたんぱく源。
蒸し煮にして栄養を余すことなく取り入れましょう。

材料 (2人分)

さやいんげん (3cm長さに切る) ... 100g
海塩 ... ひとつまみ
A ┃ 練り黒ごま ... 大さじ2
　 ┃ しょうゆ ... 小さじ1
菜種油 ... 小さじ½
黒すりごま (p.17の4参照) ... ひとつまみ

作り方

1　鍋に菜種油を入れて中火で熱し、さやいんげんを入れて海塩をふり、ひと混ぜする。

2　ふたをして弱火にし、さやいんげんがやわらかくなるまで蒸し煮にする (a)。

3　ボウルに2とAを入れて和える。

4　器に盛り、黒すりごまをふる。

モロヘイヤの梅ごま和え

クレオパトラが愛したというモロヘイヤは、
栄養価が高くお肌をケアするビタミン類も豊富です。

材料（2人分）

モロヘイヤ … 100g
A｜梅干しの果肉（包丁でたたく）… ½個分
　｜白すりごま（p.17の4参照）… 大さじ1
　｜しょうゆ … 小さじ1

作り方

1　モロヘイヤは葉と茎に分け、茎は根元のかたい部分を除いて（a）3cm長さに切る。

2　鍋に少量の湯を沸かして海塩少々（分量外）を加え、1の茎の部分を入れて1分ゆで、葉を加えてさっとゆでる。ざるに上げて水けをきってそのまま冷まし、1cm幅に切る。

3　ボウルにAを入れて混ぜ合わせ、2を加えて和える。

ミニトマトとズッキーニのみそ汁

夏の涼やかな野菜に、渋みとうまみのある豆みそを組み合わせて。
冷房などで冷えた体におすすめです。

材料（2人分）

ミニトマト...8個
ズッキーニ...¼本
みょうが...½本
昆布だし（p.14参照）...1½カップ
A │ みそ（p.13参照）...小さじ1
　 │ 豆みそ...小さじ½
ごま油...少々

作り方

1 ミニトマトは縦半分、ズッキーニは5mm幅
の半月切り、みょうがは斜め薄切りにする。

2 鍋に昆布だし、1のズッキーニを入れて中
火にかけ、沸騰したらミニトマトを加え、
ひと煮立ちさせて火を止める。

3 Aをすり鉢に入れてなめらかになるまです
り、2のだしをお玉1杯分加えて溶く。2
の鍋に戻し入れ、みそを完全に溶かして
ごま油をたらす。

4 器に注ぎ、1のみょうがを飾る。

夏のネバネバみそ汁

胃腸が弱りがちな夏にネバネバ食材が
胃の粘膜をいたわります。
納豆でたんぱく質の補給も。

きゅうりのみそ汁

暑い日にとりたい体の熱をとるきゅうりが主役。
麦みそでさらに涼やかに。

材料（2人分）

オクラ…2本
モロヘイヤ…50g
納豆…½パック
布海苔（乾燥）…1g
昆布だし（p.14参照）…1½カップ
みそ（p.13参照）…大さじ1

作り方

1 オクラは海塩少々（分量外）をまぶして板ずりし、がくを落として小口切り、モロヘイヤはかたい根元の部分を除いてざく切りにする。納豆は粘りが出るまで混ぜる。

2 鍋に昆布だしを入れて中火にかけ、沸騰したら1のオクラ、モロヘイヤを入れ、ひと煮立ちさせて納豆、布海苔を加えて火を止める。

3 みそをすり鉢に入れてなめらかになるまですり、2のだしをお玉1杯分加えて溶く。2の鍋に戻し入れ、みそを完全に溶かす。

材料（2人分）

きゅうり（小口切り）…½本分
木綿豆腐（1.5cm角に切る）…½丁
わかめ（乾燥／水で戻す）…2g
昆布だし（p.14参照）…1½カップ
麦みそ…大さじ1
大葉（せん切り）…適量
みょうが（斜めせん切り）…適量

作り方

1 鍋に昆布だしを入れて中火にかけ、沸騰したらきゅうり、木綿豆腐、わかめを加え、ひと煮立ちさせて火を止める。

2 麦みそをすり鉢に入れてなめらかになるまですり、1のだしをお玉1杯分加えて溶く。1の鍋に戻し入れ、みそを完全に溶かす。

3 器に注ぎ、大葉とみょうがをのせる。

ひよこ豆のミネストローネ

夏の太陽をたっぷり浴びたミニトマトを煮込んだ具だくさんスープ。
野菜のうまみが溶け出して塩麹だけでもおいしくなります。

材料(2人分)

ひよこ豆の水煮(p.28参照)...50g
干ししいたけ...3個
水 ... 1½カップ
ミニトマト...10個
玉ねぎ...¼個
セロリ...1本
にんにく(みじん切り)...½かけ分
塩麹(p.11参照)...小さじ1
菜種油...小さじ½
パセリ(みじん切り)...適量

作り方

1 干ししいたけは分量の水に浸して戻し、水け
を軽くきる。戻し汁は取っておく。

2 ミニトマトは縦半分、玉ねぎ、セロリ、1の干
ししいたけは1cm角に切る。

3 鍋に菜種油を入れて中火で熱し、にんにく、1
の玉ねぎ、セロリ、ミニトマト、干ししいたけ、
ひよこ豆の水煮の順に加え、そのつどさっと
炒める。

4 1の干ししいたけの戻し汁を注ぎ入れ、10分
ほど煮る。野菜がやわらかくなったら塩麹を
加え、味をととのえる。

5 器に盛り、パセリを散らす。

とうもろこしのスープ

食物繊維たっぷり、夏の甘みを満喫するポタージュ。
とうもろこしの芯も一緒に煮込んで、うまみと栄養をまるごといただきます。

材料（2人分）

とうもろこし ... 1本
ローリエ ... 1枚
昆布だし（p.14参照）... 2カップ
玉ねぎ麹（p.12参照）... 大さじ1
海塩 ... 少々
クルトン ... 適量
パセリ（みじん切り）... 適量

作り方

1　とうもろこしは実を包丁でこそげ取る。芯は取っておく。

2　鍋に1の実と芯、ローリエ、昆布だしを入れて弱火にかけ、10分ほど煮る。

3　とうもろこしに火が通ったら玉ねぎ麹を加えて混ぜ、海塩で味をととのえる。

4　火を止めて芯とローリエを取り出し、ハンドブレンダーなどでなめらかになるまで攪拌する。

5　器に盛り、クルトンをのせてパセリを散らす。

1品で満足レシピ

海苔のジェノベーゼスパゲッティ

バジルではなく、日本が誇るスーパーフード「海苔」で作るジェノベーゼ。
緑黄色野菜の王様ケールも加えて、ミネラルもビタミンもたっぷりのソースに。

材料（2人分）

スパゲッティ（またはそうめんなど好みの麺）
　　…200g

＜海苔のジェノベーゼ＞

海苔（全形）…2枚

ケール…60g
※ケールがなければ大葉を倍量にする。

大葉…10枚

にんにく…1かけ

ローストくるみ（p.17の5参照）…25g

しょうゆ麹（p.12参照）…大さじ2

粗びき黒こしょう…少々

オリーブ油…¼カップ

ローストくるみ（p.17の5参照／粗く砕く）
　　…適量

大葉（せん切り）…適量

作り方

1　海苔のジェノベーゼを作る。ケールは海塩少々（分量外）を入れた少量の湯に茎から入れて10秒ほどゆでる。ざるに上げて水けをきり、ざく切りにする。

2　海苔は手で細かくちぎり、大葉、にんにくは適当な大きさに切る。

3　1、2、残りのジェノベーゼの材料をすべて合わせてブレンダーなどで攪拌し、ペースト状にする。

4　スパゲッティは袋の表示どおりにゆで、冷水で締めてざるに上げ、水けをきる。

5　ボウルに3と4を入れて和え、器に盛り、ローストくるみと大葉を散らす。

ガスパチョそうめん

ふだんはお米が主食ですが、夏には麺類を欲します。
夏野菜の酵素と梅酢がだるさ回復を助けてくれるガスパチョは、
食欲が落ちた暑い日でもするすると食べられますよ。

材料 (2人分)

そうめん...200g
<ガスパチョ>
　トマト...1個
　きゅうり...1/2本
　赤パプリカ...1/4個
　赤玉ねぎ...20g
　みょうが...2個
　大葉...2枚
　しょうゆ...大さじ1 1/2
　梅酢 (赤または白)...大さじ1
　オリーブ油...1/4カップ
　粗びき黒こしょう...適量
大葉 (小さくちぎる)...適量

作り方

1　ガスパチョを作る。材料はすべてぶつ切りにして
　　ミキサーなどで攪拌し、スープ状にして冷蔵庫
　　で30分ほど冷やす。

2　そうめんは袋の表示どおりにゆで、冷水で締めて
　　ざるに上げ、水けをきる。

3　1と2をそれぞれ器に盛り、ガスパチョに大葉を
　　のせ、そうめんをつけながら食べる。

梅干しのお話

手作りの梅干しを
おいしく取り入れて
医者いらず。

じめじめとした梅雨に入る頃、梅がシーズンを迎え、スーパーにも完熟梅が出回りはじめます。わが家では、毎年欠かさず梅干しを仕込むのが恒例です。

古くから「三毒を断つ」といわれる梅は、体にいい食材として知られます。三毒とは「水毒」「食毒」「血毒」を指し、水毒は体内の水分の汚れ（むくみ）、食毒は暴飲暴食などによる体内のバランスの乱れ、血毒は血液の汚れを意味します。梅は、この三毒を排出するのに適していて、毎日の食事に取り入れることでむくみや食あたりを防ぎ、血流をサラサラにしてくれると聞けば、梅干しを仕込まない手はありません。

「体にきく梅干し」とは、梅と塩だけで作られた昔ながらの梅干しのこと。しかし最近では、シンプルな梅干しを市販で手に入れることが難しくなり、自分で作って常備しています。梅雨時や夏のだるさを感じるとき、疲れたとき、頭痛がするときや風邪のひきはじめ、食べすぎや飲みすぎのときには、そのまま1粒ぱくっと食べたり「梅醬番茶」（p.55下参照）を作って飲んだり、薬のように使っています。特に風邪をひきやすい時期や大事なイベント、外せない仕事が控えているときは梅干しの力を借ります。もちろん塩味や酸味を補う調味料として料理に使え、副産物の梅酢は料理やドリンクに大活躍。手作りの梅干しが、健康と食卓を支えてくれます。

中島家の梅干し

材料（作りやすい分量）

- **梅の塩漬け**[作業時期：6月中旬〜7月上旬]
  完熟梅...1kg
  海塩...180g
- **赤じそ漬け**[作業時期：6月中旬〜7月中旬]
  赤じそ...約150g
  海塩...約27g（赤じその重量の18%）

作り方

1. **[梅の塩漬け]** 完熟梅はやさしく水で洗い、なり口のヘタを竹串で取り、ざるに並べて乾かす。

2. 消毒をした保存容器（容量2ℓ）に、海塩、梅の順に交互に入れる。梅は隙間なく並べ、上にいくほど海塩を増やしていく。

3. 梅の上に皿などをのせて2kgの重しをのせ、新聞紙などでほこりよけをして日が当たらない室内に3〜5日おく。梅酢が上がったら重しを半分外し、そのまま室温におく。

4. **[赤じそ漬け]** 赤じそは葉を摘んで洗い、水けをふき取る。ボウルに入れて海塩½量をふり、アクが出るまでよくもみ込んできつく絞る。残りの海塩をふり、同様にもみ込んで絞る。

5. 3の梅酢を1カップほど加えてほぐし、3の梅の上に梅酢ごと入れて重しをかけずに新聞紙でほこりよけをする。7月下旬〜8月中旬の土用干しまで室温におく。

6. **[土用干し]** 梅雨が明け、晴天が3日続くタイミングで、5の梅と赤じそを梅酢をきってざるに並べ、天日干しする。梅酢は容器にラップをかけ一緒に干す。1日1回、梅と赤じその上下を返し、夜は室内に取り込まずに夜露に当てる。

7. 3日間干したら、梅干しと赤じそ、梅酢をそれぞれ清潔な保存容器に入れて保存する。梅干しは好みで次の2つの方法で保存する。3か月ほどおくと味がなじみ、1年以上保存できる。①梅干し本来の味を楽しみたいなら、そのまま室温で保存。②しっとりと仕上げたいなら、梅酢に数日漬けてから取り出して室温で保存。

梅醤番茶の材料と作り方（1人分）

梅干しの果肉1個分をつぶしてカップに入れ、しょうがのおろし汁少々、しょうゆ小さじ½〜1を加える。水1カップで煮立てた三年番茶を注ぎ入れ（a）、果肉をほぐしながら飲む（b）。貧血予防、冷え性、風邪予防、二日酔い、夏バテなどにおすすめ。

a

b

秋

Autumn

内も外も
うるおうごはん

暑さが少しずつ落ち着くと、稲穂が実り、豆、木の実、果物がなり、
土の中では根菜がぐんぐん育つ実りの季節の到来です。
秋はこれらをいただき、冬に向けてエネルギーを蓄える大切な時季。
暖かく湿っていた夏の空気が冷たくなり、一気に乾燥した気候になるため
呼吸器系の妙薬、れんこんを意識的に取り入れたうるおす食事に切り替えます。
同時に、野菜は生で食べるのを控えてしっかり火を通すように心がけ、
秋口に増える不調を予防します。

秋の一汁一菜

上写真の「れんこんボールの豆乳煮込み」(p.59)と「秋の根菜たっぷりみそ汁」(p.68)のように、秋はれんこんを「菜」か「汁」のどちらかに入れ、さらにほかの根菜や風邪予防にいい長ねぎをたっぷりいただける組み合わせに。「汁」をみそ汁以外にする場合は、「菜」の味つけをみそにすると体が温まり根菜との味の相性もよくなります。塩味のほか、根菜の甘みに酸味や苦みを加えて味を変えるのもポイントです。調理法は、煮物や煮込み、炒め物が増える季節。「菜」の野菜にもしっかり火を入れて、またくずでとろみをつけたりして冷えを防ぎます。ご飯は主食の基本となる「玄米ご飯」(p.15)に。冬に向けて体をととのえる献立の主食に最適です。

れんこんボールの豆乳煮込み

れんこんは皮つきのまま節の部分まですりおろして使うと、
余すことなく滋養を取り入れることができます。
空気が乾燥してのどの調子がよくない、というときにおすすめです。

材料（2人分）

れんこん…1節（200ｇ）
無調整豆乳…¾カップ
くず粉…大さじ1
海塩…ひとつまみ
揚げ油（菜種油）…適量
A｜カレー粉…小さじ¼
　｜しょうが（すりおろす）…½かけ
　｜にんにく（すりおろす）…½かけ
キャベツ（ざく切り）…約100ｇ
昆布だし（p.14参照）…¾カップ
塩麹（p.11参照）…大さじ1
菜種油…大さじ½

作り方

1 れんこんは皮ごとすりおろし、手で軽く搾って水けをきり、ボウルに入れる。
※搾りすぎるとパサパサになるので注意。

2 くず粉、海塩を加えてよく混ぜ合わせ、6等分して丸める。

3 鍋に揚げ油を2〜3cm深さで入れて180℃に熱し、2を入れて転がしながらきつね色になるまで揚げ、油をきる。

4 別の鍋に菜種油とAを入れて弱火にかけ、香りが立つまで炒める。

5 キャベツ、昆布だしを加え、キャベツがくったっとするまで10〜15分煮る。

6 塩麹、無調整豆乳、3を加えてひと混ぜし、沸騰直前で火を止める。
※煮立たせると豆乳が分離するので注意。

れんこんボールの活用法

揚げたれんこんボールは煮込み以外にも、「芽キャベツのくずあんかけ」（p.60）のようにあんをかけたり、酢豚の肉代わりにしたり、しょうゆとみりんを絡めて照り焼きにしてもおいしいです。れんこんは、つなぎ目の節の部分に栄養が詰まっているので、捨てずにいただきましょう。同様に搾ったれんこんの汁も、みそ汁などの汁物に入れて無駄なくおいしくいただいてください。

芽キャベツのくずあんかけ

胃腸にやさしい芽キャベツととろ〜りくずあん。
おなかに負担が少ないので遅めの夕食にもぴったりです。

材料（2人分）

芽キャベツ（縦半分に切る）
　...約20個
昆布だし（p.14参照）...1½カップ
しょうゆ...大さじ1
海塩...ひとつまみ
水溶きくず粉
　...くず粉大さじ1＋水大さじ1
※混ぜ合わせる。
ごま油...小さじ½
しょうが（せん切り）...少々

作り方

1 鍋にごま油を入れて中火で
　熱し、芽キャベツを入れて焼
　く。両面にこんがり焼き色が
　ついたら昆布だしを加え、芽
　キャベツがやわらかくなるま
　で10分ほど煮る。

2 しょうゆ、海塩を加えて味を
　ととのえ、水溶きくず粉を回
　し入れてとろみがつくまで混
　ぜながら煮る。

3 器に盛り、しょうがをのせる。

材料（2人分）

大根 ... 約8cm
地粉（または小麦粉）... 適量
にんにく ... ½かけ
クレソン（ざく切り）... 適量
粗びき黒こしょう ... 少々
A｜しょうゆ麹（p.12参照）... 大さじ3
　｜しょうゆ ... 大さじ1
菜種油 ... 大さじ1

作り方

1 大根は2cm厚さの輪切り（太い場合は半月切り）にする。時間があればざるなどに並べ、数時間〜半日天日干しにする（a）。

2 にんにくは包丁の腹でつぶして薄切りにする。

3 鍋に1と大根がかぶるくらいの水を入れ、10分ほどかためにゆでてざるに取り、水けをきって地粉を薄くまぶす。

4 鍋に菜種油を入れて中火で熱し、2を入れて炒める。香りが立ったらクレソンを加えてさっと炒め、にんにくを残して取り出す。

5 4のフライパンに3を並べ入れ、粗びき黒こしょうをふって両面をこんがりと焼き目がつくまで焼く。
※にんにくが焦げてきたら途中で取り出す。

6 鍋肌から混ぜ合わせたAを回し入れて大根の両面にからめ、たれがしみ渡ったら器に盛り、4のクレソンを添える。

a

大根のしょうゆ麹ステーキ

大根は胃腸の調子をととのえる食材のひとつ。
天日干しにするとうまみがぎゅっと凝縮され、
大根だけでも立派なおかずになります。

さつまいもとりんごの甘煮

ちょっと甘いものが食べたいな、というときに、
自然の甘みだけでおいしくいただける一品です。

材料（2人分）

さつまいも ... ½本
りんご ... ½個
レモン ... ½個
レーズン ... 20g
海塩 ... 小さじ½
水 ... ½カップ

作り方

1 さつまいもは1cm厚さの輪切り、りんごは芯を取って5mm厚さのいちょう切り、レモンは5mm厚さの輪切りにする。

2 鍋に、りんご、さつまいも、レモンの順に重ね入れ、レーズンと海塩を散らし、分量の水を入れる。ふたをして中火にかけ、水分がなくなる直前まで15分ほど煮る。

大豆のみそ麻婆豆腐
（マーボーどうふ）

収穫の秋には、納豆やみそなどの発酵食としてではなく、大豆を料理の主役に。
旬のきのこは天日干しするとうまみも栄養もアップします。

材料（2人分）

ゆで大豆（下記参照）... 約35g
木綿豆腐 ... ½丁
好みのきのこ類 ... 合わせて50g
※ここでは生しいたけとしめじを使用。時間があれば、
　ほぐして数時間〜半日天日干しするとよい。
にんにく（みじん切り）... ½かけ分
しょうが（みじん切り）... ½かけ分
長ねぎ（みじん切り）... 1本分
A｜豆みそ ... 大さじ1
　｜※豆みそがなければ米みそで代用可。
　｜しょうゆ ... 小さじ1
　｜豆板醤（トウバンジャン）... 小さじ½
　｜昆布だし（p.14参照）... ½カップ
　｜くず粉 ... 大さじ1
ごま油 ... 小さじ2

作り方

1 沸騰した湯に木綿豆腐をひと口大にちぎりながら入れ、さっとゆでてざるに上げ、水けをきる。

2 きのこ類、ゆで大豆は粗みじん切りにする。

3 鍋にごま油を入れて中火で熱し、にんにく、しょうがを入れて炒める。香りが立ったら長ねぎ、2を加えて炒め合わせる。きのこに火が通ったら混ぜ合わせたAを加え、とろみがつくまで混ぜながら加熱する。

4 1を加えてさっと混ぜ、全体がなじんだら火を止める。

ゆで大豆

材料と作り方（作りやすい分量）

大豆（乾燥）100gは3倍量の水にひと晩浸して戻す（暑い時期は冷蔵庫におく）。鍋に大豆を水ごと入れて中火にかけ、沸騰したらアクを取ってふたを少しずらしてのせ、弱火で1時間ほどゆでる。親指と人差し指で挟んでつぶれるくらいまでやわらかくなったら火を止め、そのまま冷ましてゆで汁ごと保存容器に入れ冷蔵庫で保存する。ときどき水を替えながら、3〜4日保存可能。

ケールのごま和え

ケールは毎日とりたいアブラナ科の野菜のひとつ。
さっとゆでて和え物にしてもおいしく、生よりたくさん食べられます。

材料（2人分）

ケール...100g
A｜白すりごま（p.17の4参照）...大さじ1½
　｜しょうゆ麹（p.12参照）...小さじ2

作り方

1　ケールは海塩少々（分量外）を入れた
　少量の湯に茎から入れ、10秒ほどゆ
　でる（a）。ざるに上げて水けをきり、
　食べやすい大きさに切る。

2　ボウルにAを入れて混ぜ合わせる。

3　2に1を加えてよく和える。

a

かぼちゃと柿のサラダ

「柿が赤くなると医者が青くなる」といわれるほど風邪予防のビタミンCを豊富に含む柿に、
抗酸化作用のあるかぼちゃとくるみを合わせた秋のうるおいサラダ。

材料（2人分）

かぼちゃ ... 200g
柿 ... ½個
＜ドレッシング＞
　無調整豆乳 ... 大さじ2
　塩麹（p.11参照）... 小さじ½
　オリーブ油 ... 大さじ2
　りんご酢 ... 小さじ1
ローストくるみ（p.17の5参照／粗く砕く）... 20g

作り方

1　かぼちゃは1〜1.5cm高さに水を張った鍋に入れてふたをし、串がすっと通るまで弱火で10分ほど蒸し煮にする。ボウルに入れてマッシャーやフォークなどでつぶす。

2　柿は皮をむいて一口大に切り、種があれば除く。

3　ドレッシングを作る。ボウルに無調整豆乳、塩麹を入れて泡立て器で混ぜ合わせる。オリーブ油を少しずつ加えながらさらに混ぜ、最後にりんご酢を加えてよく混ぜる。

4　1に2と3、ローストくるみを加えて和える。

爽やかねぎみそ

食養生でおなじみのねぎみそにレモンを添えて爽やかに。
不調を感じたとき、風邪をひきそうなときにおすすめです。

材料 (作りやすい分量)

長ねぎ ... 2本
レモンの皮 ... ¼個分
みそ (p.13参照) ... 大さじ2
水 ... 大さじ2
ごま油 ... 小さじ1

作り方

1　長ねぎはみじん切り、レモンの皮はせん切りにする。

2　鍋にごま油を入れて中火で熱し、1の長ねぎを入れてさっと炒める。

3　長ねぎの上にみそを少量ずつちょんちょんとのせ、分量の水を加える。弱火にしてふたをし、焦げないように注意しながら10分ほど煮る。
※長ねぎの水分量が少なく焦げそうなときは、適宜水を足す。

4　火を止めてふたを取り、1のレモンの皮を加えて混ぜ合わせる。

れんこんとひじきの梅和え

呼吸器をうるおすれんこんとミネラルたっぷりのひじきを
組み合わせた食養の定番おかずです。
2〜3日冷蔵保存ができるので、常備菜として多めに作っても。

材料（2人分）

芽ひじき（乾燥）... 5g
れんこん ... ½節（100g）
梅干し ... 1個
水 ... ¼カップ
しょうゆ ... 小さじ½
ごま油 ... 大さじ½

作り方

1 芽ひじきは水に20分ほどつけて戻し、ざるに上げて水けをきる。

2 れんこんは5mm幅のいちょう切りにする。梅干しは種を取って包丁でたたき、種は取っておく。

3 鍋にごま油を入れて中火で熱し、1を入れて炒める。芽ひじきの臭みが消えたら2のれんこんを加えてさっと炒め、梅干しの種、分量の水を加え、水分がなくなるまで煮る。

4 2の梅干しの果肉、しょうゆを加えて混ぜ合わせ、梅干しの種を除いて器に盛る。

秋の根菜たっぷりみそ汁

秋の根菜をたっぷり詰め込んだみそ汁は、
体を芯から温めて寒い季節に備えてくれます。

材料（2人分）

大根 ... 2〜3cm
にんじん ... 2cm
ごぼう ... ⅕本
さつまいも ... ⅓本
油揚げ ... ½枚
昆布だし（p.14参照）... 1¾カップ
みそ（p.13参照）... 大さじ1
ごま油 ... 小さじ½
白髪ねぎ ... 適量

作り方

1　大根とにんじんは5mm幅のいちょう切り、ごぼうはささがき、さつまいもは1cm幅の輪切りにする。油揚げは熱湯をかけて油抜きし、縦半分に切ってから横5mm幅に切る。

2　鍋にごま油を入れて中火で熱し、1のごぼうを入れて炒める。香りが立ったら大根、にんじん、さつまいもを順に加え、そのつどさっと炒める。

3　昆布だしを加えて野菜に火を通し、1の油揚げを加え、ひと煮立ちさせて火を止める。

4　みそをすり鉢に入れてなめらかになるまですり、3のだしをお玉1杯分加えて溶く。3の鍋に戻し入れ、みそを完全に溶かす。

5　器に注ぎ、白髪ねぎをのせる。

れんこんの
すり流しみそ汁

のどがいがいがする、咳が止まらないときに。
れんこんが粘膜をうるおし、体を温めます。

山いものみそ汁

大和いもなどの山いもは、「山のうなぎ」といわれる
スタミナ食材。寒さに負けない力をくれます。

材料（2人分）

れんこん ... 1節（200g）
昆布だし（p.14参照）... 1¾カップ
みそ（p.13参照）... 大さじ1½
白すりごま（p.17の4参照）... 適量
青ねぎ（小口切り）... 適量
ゆずの皮（せん切り）... 少々

作り方

1 ボウルにれんこんを皮ごとすりおろす。

2 鍋に昆布だしを入れて中火にかけ、沸騰
　したら1を水分ごと加え、ひと煮立ちさせ
　て火を止める。

3 みそをすり鉢に入れてなめらかになるま
　ですり、2のだしをお玉1杯分加えて溶
　く。2の鍋に戻し入れてみそを完全に溶
　かす。

4 器に注ぎ、白すりごまを散らし、青ねぎ、
　ゆずの皮をのせる。

材料（2人分）

大和いも ... 80g
昆布だし（p.14参照）... 2カップ
みそ（p.13参照）... 大さじ1
しょうが（せん切り）... 少々
三つ葉 ... 少々
刻み海苔 ... 少々

作り方

1 ボウルに大和いもを皮ごとすりおろす。

2 鍋に昆布だしを入れて中火にかけ、沸騰
　したら1をスプーンで少量ずつすくって
　ふんわりと落とし入れ、ひと煮立ちさせて
　火を止める。

3 みそをすり鉢に入れてなめらかになるま
　ですり、2のだしをお玉1杯分加えて溶
　く。2の鍋に戻し入れ、みそを完全に溶か
　す。

4 器に注ぎ、しょうが、三つ葉、刻み海苔を
　のせる。

かぼちゃのポタージュ

カロテンたっぷりのかぼちゃと良質な脂質を含むくるみが
秋の乾燥肌を癒やしてくれます。

材料（2人分）

かぼちゃ（乱切り）... 150 g
にんじん（乱切り）... ¼本分（50 g）
ローストくるみ（p.17の5参照）... 10 g
昆布だし（p.14参照）... 1½カップ
玉ねぎ麹（p.12参照）... 小さじ2
海塩 ... 少々
菜種油 ... 小さじ1
パセリ（みじん切り）... 少々

作り方

1 鍋に菜種油を入れて中火で熱し、か
　ぼちゃ、にんじんを順に加えて炒め
　る。油が回ったらローストくるみ、昆
　布だしを加え、にんじんがやわらかく
　なるまで煮る。

2 火を止めてハンドブレンダーなどでな
　めらかになるまで撹拌する。

3 玉ねぎ麹、海塩を加えて味をととの
　え、器に盛ってパセリを散らす。

里いものポタージュ

日本人になじみ深い里いもの滋味深さを味わう
胃腸にもやさしい滋養強壮ポタージュです。

材料（2人分）

里いも（皮をむいて乱切り）... 180 g
玉ねぎ（くし形切り）... ¼個分（50 g）
昆布だし（p.14参照）... 1½カップ
海塩 ... 小さじ1弱
菜種油 ... 小さじ1
粗びき黒こしょう ... 少々

作り方

1 鍋に菜種油を入れて中火で熱し、玉ねぎを入れて炒める。透きとおってきたら里いも、昆布だしを加え、里いもがやわらかくなるまで煮る。

2 火を止めてハンドブレンダーなどでなめらかになるまで攪拌する。

3 海塩を加えて味をととのえ、器に盛って粗びき黒こしょをふる。

秋の手作りピザ2種

簡単ピザ生地に旬の野菜をトッピングした季節のピザ。
ソースはそれぞれ、秋仕様のみそ入りトマトソースと豆乳ホワイトソースです。
れんこんときのこで免疫力アップ！

【れんこんのピザ】

材料（2枚分）

<豆腐の塩麹漬け>
　木綿豆腐（水きりする）…½丁
　塩麹（p.11参照）…大さじ1
<トマトソース>
　にんにく（みじん切り）…½かけ分
　玉ねぎ（みじん切り）…½個分
　ミニトマト（半分に切る）…15個
　バジル（手でちぎる）…5枚
　みそ（p.13参照）…小さじ½
　菜種油…小さじ1
ピザ生地（下記参照または市販）…2枚
れんこん（薄い輪切り）…50g
ブラックオリーブ（種なし／小口切り）…4個分
ケッパー（塩漬け）…少々
タイム（またはオレガノ）…少々
オリーブ油…大さじ1

作り方

1　豆腐の塩麹漬けを作る。木綿豆腐の全面に塩麹を塗り、ラップで包んで冷蔵庫にひと晩以上おく。

2　トマトソースを作る。鍋に菜種油を入れて弱火にかけ、にんにくを入れて炒める。香りが立ったら玉ねぎを加えて透きとおるまで炒める。ミニトマト、バジル、みそを加え、とろみが出るまで煮る。
　※ここでオーブンを180℃に予熱する。

3　オーブンシートを敷いた天板にピザ生地をのせ、2を塗り広げる。1を手でほぐしながら散らし、れんこん、ブラックオリーブ、ケッパー、タイムをのせ、オリーブ油を回しかける。

4　180℃に予熱したオーブンで10分ほど焼く。

【きのこのピザ】

材料（2枚分）

エリンギ（縦薄切り）…120g
しめじ（ほぐす）…120g
玉ねぎ（縦半分に切って薄切り）…1個分
にんにく（すりおろす）…1かけ
しょうゆ…大さじ1
塩麹（p.11参照）…小さじ2
菜種油…小さじ1
A｜米粉…40g
　｜無調整豆乳…2カップ
ピザ生地（下記参照または市販）…2枚
オリーブ油…大さじ1

作り方

1　フライパンに菜種油を入れて中火で熱し、玉ねぎを透きとおるまで炒める。エリンギ、しめじ、にんにくを加えてしんなりするまで炒め、しょうゆ、塩麹を加えて味をととのえる。

2　ボウルにAを入れてダマにならないようよく混ぜて1に加え、混ぜながらとろみがつくまで炒めて火を止める。
　※ここでオーブンを180℃に予熱する。

3　オーブンシートを敷いた天板にピザ生地をのせ、オリーブ油を塗り広げ、2をのせて全体に広げる。

4　180℃に予熱したオーブンで10分ほど焼く。

ピザ生地

材料（直径約15cm×2枚分）

A｜地粉（または小麦粉）…180g
　｜ベーキングパウダー…小さじ1
　｜海塩…少々
水…½カップ

作り方

1　ボウルにAを入れて混ぜ合わせ、分量の水を少しずつ加えてなめらかになるまでこね、1つにまとめる。

2　ラップをかけ、室温で30分ほど休ませる。

3　2を打ち粉適量（分量外）をした台にのせ、麺棒で薄くのばして直径15cmの円形にする。同様に計2枚作る。

冬

―― Winter ――

なかから温める
ほっこりごはん

寒さが増して体がぎゅ〜っと縮こまり、めぐりも滞りがちになる季節です。
体を温める冬の寒さ対策は、外側だけでなく内側からも必要不可欠。
冷えで弱りがちな腎臓を養いながら、静かにエネルギーを蓄えます。
冬に旬を迎える白菜や小松菜、ブロッコリーなどアブラナ科の野菜、根菜を中心に
じっくり時間をかけて煮込んだり、オーブンで加熱したり、
良質な油で香ばしく揚げたりして、冬ならではの温かな料理をいただきます。
内側からほっこり温めて心身を健やかに。来るべき春に備えます。

冬 の 一汁一菜

めぐりをよくする「小豆かぼちゃ」(p.83)と、内側から温める「長ねぎと油揚げ
の豆みそ汁」(p.87)は、新陳代謝が滞りがちな冬の体に理想的な組み合わせ。
できれば一食の中に根菜と葉物を両方使うとバランスよくいただけます。じっくり
火を入れた料理は、熱が逃げないようくずでとろみをつけるのもおすすめです。ま
た、揚げ物が増えるこの季節。「菜」を揚げ物にするときは大根おろしを添えた
り、「汁」に大根を使うと油の消化がよくなります。胃が疲れがちなときにも、みそ
汁に大根おろしを入れると胃腸の調子がととのいます。ご飯は、秋と同じく「玄米
ご飯」(p.15)を。寒さを乗りきるためのエネルギー源になります。

じゃがいものみそグラタン

寒い冬は熱々とろとろのグラタンで体を温めましょう。
体のエネルギーになるほくほくのじゃがいもととろ〜りお餅に
クリーミーなみそ入りホワイトソースがよく合います。

材料 （直径14cmのグラタン皿1個分）

じゃがいも...180g
オリーブ油...小さじ½
海塩...少々
A｜無調整豆乳...大さじ1
　｜玉ねぎ麹（p.12参照）...小さじ1

＜ホワイトソース＞
｜無調整豆乳...½カップ
｜米粉...10g
｜白みそ...10g
エリンギ（手で食べやすい大きさにさく）...50g
切り餅（薄くスライスする）...2個
菜種油...大さじ1

作り方

1 じゃがいもは50g分は皮をむいてせん切りにし、オリーブ油、海塩をまぶす。

2 残りのじゃがいもは皮つきのまま鍋に入れ、じゃがいもが半分くらいつかる程度の水を注いでふたをし、中火にかけてゆでる。竹串がすっと通るまでやわらかくなったらざるに上げ、粗熱をとって皮をむく。ボウルに入れて温かいうちにマッシャーやフォークなどでつぶす。

3 2にAを加え、ゴムべらでなめらかになるまで練る。
※ここで好みのハーブ類（ローズマリーやオレガノなど）ひとつかみを、手でちぎって加え混ぜると香りよく仕上がる。

4 ホワイトソースを作る。ボウルに無調整豆乳、米粉、白みそを入れ、泡立て器でダマにならないように混ぜ合わせる。
※ここでオーブンを200℃に予熱する。

5 フライパンに菜種油を入れて中火で熱し、エリンギを入れて炒める。しんなりしたら4を加え、木べらで混ぜながらとろみがつくまで加熱して（a）火を止める。

6 グラタン皿に3を入れて平らにならし、その上に切り餅を並べる（b）。さらに5を入れ（c）、1を全体に広げる(d)。

7 200℃に予熱したオーブンで15〜20分焼く。

お豆のコロッケ

ゆでた大豆と野菜だけで、栄養価の高い大満足のコロッケが作れます。
シャキシャキのキャベツと長ねぎがいいアクセントに。

材料（4個分）

A ┌ ゆで大豆（p.63参照）... 100g
　├ にんにく ... ¼かけ
　├ 白みそ ... 大さじ1
　├ しょうゆ ... 大さじ½
　└ 菜種油 ... 大さじ1

キャベツ ... 70g
長ねぎの白い部分 ... 50g
地粉（または小麦粉）... 適量
水溶き地粉 ... 地粉（または小麦粉）15g + 水大さじ2
※混ぜ合わせて溶き卵くらいのとろみにする。
パン粉 ... 適量
揚げ油（菜種油）... 適量
ベビーリーフ ... 適量

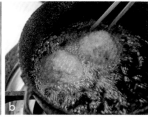

作り方

1　Aはフードプロセッサーにかけて（またはすり鉢ですり）ペースト状にする。

2　キャベツ、長ねぎの白い部分は粗みじん切りにし、ボウルに入れて手で軽くもみ込む。

3　1を加えて手で練るようによく混ぜる（a）。全体がなじんだら4等分にしてぎゅっとにぎって丸める。

4　地粉を薄くまぶし、水溶き地粉、パン粉の順に衣をつける。

5　鍋に揚げ油を2cm深さで入れて180℃に熱し、4を入れて転がしながら揚げ（b）、きつね色になったら油をきる。

6　器に盛り、ベビーリーフを添える。

がんもどき

豆腐と好みの副菜でさっと作れるお手軽がんも。
揚げたては格別のおいしさです。

材料（8個分）

木綿豆腐（水きりする）... 1丁
長いも... 80g
きんぴらごぼう（p.17参照）... 50g
※ひじきの煮物や青菜のごま和えなど
好みの副菜で代用可。
地粉（または小麦粉）... 大さじ3
しょうゆ... 小さじ1
海塩... 少々
揚げ油（菜種油）... 適量
大根おろし... 適量
しょうが、大葉（ともにせん切り）... 各適量

作り方

1 長いもは皮ごとすりおろ
す。きんぴらごぼうは細か
く刻む。

2 ボウルに木綿豆腐を入れ、
フォークや手でつぶす。
※またはすり鉢でなめらかにする。

3 1、地粉、しょうゆ、海塩を
加えてゴムべらでよく混
ぜ、8等分する。

4 鍋に揚げ油を5cm深さで
入れて180℃に熱し、3を
手で丸めるかスプーンで
すくって落とし入れ、きつ
ね色になるまでからっと揚
げて油をきる。

5 器に盛り、小皿に大根おろ
し、しょうが、大葉を盛っ
て添え、いっしょに食べる。

大和いものいそべ揚げ

疲れたときやがんばりたいときは
ふわふわの大和いもでパワーチャージ。

材料（2人分）

大和いも（皮ごとすりおろす）…100g
れんこん（皮ごとすりおろす）…100g
ローストくるみ（p.17の5参照
　　／または好みのナッツ／粗く刻む）…20g
A｜くず粉…大さじ2
　｜白みそ…小さじ1
海苔（全形）…2枚
揚げ油（菜種油）…適量
大葉（せん切り）…6枚分
しょうが（せん切り）…½かけ分

作り方

1　ボウルに大和いも、れんこん、ローストくるみ、A
　　を入れて混ぜ合わせる。

2　海苔を長い辺を手前にして置き、1の半量をのせ
　　て海苔の奥側を5mmほどあけてへらで広げ、手前
　　からくるくる巻く（a）。同様にして計2本作り、そ
　　れぞれ長さを4等分に切る（b）。

3　鍋に揚げ油を1〜2cm深さで入れて180℃に熱し、
　　2を入れて転がしながらカラッと揚げ、油をきる。

4　器に盛り、大葉としょうがを添える。

にんじんのまるごとじっくりオーブン焼き

土の中でじっくり育ったにんじんの甘みとたくましさを、
シンプルに味わう一品です。
にんじんは血液の循環をサポートし、肌をととのえるはたらきも。

材料（2人分）

にんじん…3本
海塩…小さじ1
オリーブ油…大さじ1
レモン（くし形切り）…½個分
好みのハーブミックス（ドライ）…適量

作り方

1　にんじんは縦半分に切り、海塩をふってしばらく
　　おく。水分が少し出てきたらオリーブ油をまぶす。
　　※ここでオーブンを180℃に予熱する。

2　耐熱皿または天板に1と横半分に切ったレモンを
　　並べ、ハーブミックスをふる。

3　180℃に予熱したオーブンで、焦げないように様子
　　をみながら、串がすっと通るまで20分ほどじっく
　　り焼く。

みそ漬けこんにゃくのフライ

こんにゃくは腸をきれいにする代表食材。
煮るだけじゃない、おいしいいただき方です。

材料（2人分）

こんにゃく…½枚
みそ（p.13参照）…大さじ2
地粉…適量
水溶き地粉…地粉（または小麦粉）15g
　＋水大さじ2
※混ぜ合わせて溶き卵くらいのとろみにする。
パン粉…適量
揚げ油（菜種油）…適量
クレソン…適量

作り方

1　こんにゃくは海塩少々（分量外）をふってもみ、湯で3分ほどゆでて水抜きし、水けをしっかりふき取る。両面にゴムべらでみそを塗り（a）、ラップで包んで冷蔵庫にひと晩おく。

2　1のラップを外してみそを落とし、横5mm厚さに切る。地粉を薄くまぶし、水溶き地粉、パン粉の順に衣をつける。

3　鍋に揚げ油を2cm深さで入れて180℃に熱し、2を入れてときどき返しながらきつね色になるまで揚げ、油をきる。

4　器に盛り、クレソンを添える。

小豆かぼちゃ

小豆とかぼちゃは腎臓のはたらきを助け、体のめぐりをよくしてくれる最強コンビ。
小豆は昔から女性の健やかな体づくりに親しまれています。

材料（2人分）

小豆（乾燥）... 100g
かぼちゃ... 200g
水 ... 3カップ
昆布（3cm角）... 1枚
海塩 ... 小さじ½

作り方

1　小豆はさっと洗う。かぼちゃは2cm角に切る。

2　土鍋または厚手の鍋に小豆と分量の水の半量を入れて中火
　にかけ、沸騰したらふたをしないで10分ほど煮る。

3　水分がなくなってきたら、残りの水、昆布を加えてふたをし、
　弱火で30分ほど煮る。途中、水分が減ったら水適量を足す。

4　小豆がやわらかくなったら1のかぼちゃ、海塩を加えてふたを
　し、串がすっと通るまで5～10分煮る。
　※ここからは、かぼちゃの水分が出るので水は足さなくてもOK。

5　かぼちゃがやわらかくなったら火を止め、そのまま余熱でしば
　らく蒸す。

水菜の梅白和え

水菜は鍋やサラダ以外にも使える便利な緑黄色野菜。
梅を入れると白和えが苦手な方でもおいしくいただけます。

材料（2人分）

水菜...100g

A 木綿豆腐（水きりする）...¼丁
　梅干しの果肉（包丁でたたく）...1個分
　白すりごま（p.17の4参照）...大さじ1½
　しょうゆ...少々

作り方

1 水菜は、海塩少々（分量外）を入れた少量の湯に根元から入れて5秒ほどさっとゆでる。ざるに上げて水けをきり、食べやすい長さに切る。

2 すり鉢にAを入れてなめらかになるまですり、1を加えてよく和える。

春菊とひじきの甘酒ごま和え

春の菊と書きますが、冬が旬の春菊。免疫力を高める野菜で
風邪やウイルスが流行する季節に頼りになります。

材料（2人分）

春菊 ... 80g
芽ひじき（乾燥）... 5g
水 ... ¼カップ
梅干しの種 ... 1個
しょうゆ ... 小さじ¼
A｜甘酒 ... 大さじ2
　｜白すりごま（p.17の4参照）... 大さじ2
　｜しょうゆ ... 小さじ1
　｜練りがらし（少量の水で溶く）... 2g
ごま油 ... 小さじ1

作り方

1 芽ひじきは水に20分ほど浸して戻し、ざるに上げて水けをきる。

2 春菊は、海塩少々（分量外）を入れた少量の湯に根元から入れて5秒ほどさっとゆでる。ざるに上げて水けをきり、3cm長さに切る。

3 鍋にごま油を入れて中火で熱し、1を入れてさっと炒め、分量の水、梅干しの種を加えて煮る。水分がなくなってきたら、しょうゆを加えて味をととのえる。

4 ボウルにAを混ぜ合わせ、2と梅干しの種を除いた3を加えてよく和える。

ブロッコリーとじゃがいものみそ汁

毎日とりたいアブラナ科野菜のひとつ、ブロッコリーをみそ汁にも。
ささっと作っておいしく食べられます。

材料（2人分）

ブロッコリー ... 35 g
じゃがいも ... 中 1 個
昆布だし（p.14 参照）... 1½カップ
みそ（p.13 参照）... 大さじ 1
白すりごま（p.17 の4参照）... 大さじ 1

作り方

1　ブロッコリー、じゃがいもは食べやすい大きさに切る。

2　鍋に昆布だし、1のじゃがいもを入れて中火にかけ、じゃがいもがやわらかくなったらブロッコリーを加え、ブロッコリーに火が通ったら火を止める。

3　みそをすり鉢に入れてなめらかになるまですり、2のだしをお玉1杯分加えて溶く。2の鍋に戻し入れ、みそを完全に溶かす。

4　器に注ぎ、白すりごまをふる。

大根おろしのみそ汁

大根をおろしてみそと合わせることで
胃腸にやさしい体をいたわるみそ汁に。

長ねぎと油揚げの
豆みそ汁

豆みそとねぎで体の芯から温まる一杯。
ポカポカするので鼻づまりにも効果的です。

材料（2人分）

大根...60g
昆布だし（p.14参照）...1½カップ
みそ（p.13参照）...25g
あおさ（乾燥）...2g
三つ葉（葉を摘む）...少々

作り方

1　ボウルに大根を皮ごとすりおろす。

2　鍋に昆布だしを入れて中火にかけ、
　　沸騰したら1の大根おろしを汁ごと
　　加えて火を止める。

3　みそをすり鉢に入れてなめらかにな
　　るまですり、2のだしをお玉1杯分
　　加えて溶く。2の鍋に戻し入れ、み
　　そを完全に溶かす。

4　器に注ぎ、あおさを入れて三つ葉を
　　のせる。

材料（2人分）

長ねぎ...½本
油揚げ（熱湯をかけて油抜きをする）...½枚
昆布だし（p.14参照）...1½カップ
豆みそ...15g
みそ（p.13参照）...5g
ごま油...小さじ1

作り方

1　長ねぎは白い部分を小口切り、青い部分
　　を3cm長さに切る。油揚げは縦半分に
　　切ってから横1cm幅に切る。

2　鍋にごま油を入れて中火で熱し、1の長
　　ねぎの青い部分を入れてさっと炒める。

3　昆布だし、1の油揚げを加えてさっと煮
　　て、長ねぎの白い部分を加え、ひと煮立
　　ちさせて火を止める。

4　みそ2種をすり鉢に入れてなめらかにな
　　るまですり、3のだしをお玉1杯分加えて
　　溶く。3の鍋に戻し入れ、みそを完全に溶
　　かして器に注ぐ。

かぶと白菜の豆乳みそシチュー

寝つきをよくする白菜と豆乳、そしてくずのとろみで体を温めて
質のいい睡眠へと導きます。

材料（2人分）

かぶ（茎を落とす）...1〜2個（100ｇ）
白菜の葉...2枚
生しいたけ...2個
にんにく（すりおろす）...½かけ
昆布だし（p.14参照）...1 ½カップ
ローリエ...1枚
A｜無調整豆乳...½カップ
　｜白みそ（またはみそ）...小さじ½
　｜玉ねぎ麹（p.12参照）...小さじ1
　｜くず粉...小さじ1

作り方

1　かぶは8等分のくし形切り、白菜はざく切り、生し
いたけは半分に切る。

2　鍋に1とにんにく、昆布だし、ローリエを入れて中
火にかけ、野菜がやわらかくなるまで煮る。

3　ボウルにAを入れてダマにならないように混ぜ合
わせる。

4　2に3を加えて混ぜながら加熱し、とろみがつい
たら火を止める。

春菊のポタージュ

玉ねぎといもの甘みで春菊が食べやすくなるスープ。
体が冷えがちな人は大和いも、
男性や子どもにはじゃがいもがおすすめです。

材料（2人分）

春菊 ... ½束
玉ねぎ ... ¼個
大和いも（またはじゃがいも）... 80g
昆布だし（p.14参照）... 1½カップ
海塩 ... 小さじ½
菜種油 ... 小さじ1

作り方

1 春菊はざく切り、玉ねぎはくし形切り、大和いもは
乱切りにする。

2 鍋に菜種油を入れて中火で熱し、1の玉ねぎ、大
和いもを順に入れてそのつど炒める。

3 玉ねぎが透きとおってきたら昆布だしを加えて煮
る。大和いもがやわらかくなったら1の春菊を加え
て火を止める。
※春菊に火が通りすぎると色が悪くなるので注意。

4 ハンドブレンダーなどでなめらかになるまで攪拌
し、海塩を加えて味をととのえる。

1品で
満足レシピ

冬の野菜ちらし

いろいろな冬野菜を一度にとれる満足感たっぷりの定番ちらし。
野菜と果物だけなので、胃も軽やかです。

材料(6人分)

＜昆布〆こんにゃく＞

こんにゃく（縦半分に切って薄いそぎ切り）
…1/2枚分

昆布（10×15cm／ぬれぶきんで表面を軽くふく）
…4枚

＜酢飯＞

炊きたての玄米ご飯（p.15参照）…2合分
※水の代わりに昆布だしで炊くとよりおいしい。

ホワイトバルサミコ…大さじ4
※米酢大さじ4＋みりん大さじ1で代用可。
その場合、下記塩は小さじ1/2に変更する。

海塩…ひとつまみ

＜高野豆腐の煮物＞

高野豆腐（水で戻してみじん切り）…1枚分

にんじん（斜め細切り／p.16の2参照）…30g

昆布だし（p.14参照）…1/4カップ

しょうゆ…小さじ2

＜切り干し大根のしょうゆ麹和え＞

切り干し大根…15g

しょうゆ麹（p.12参照）…大さじ1

＜ゆで小松菜＞

小松菜…100g

しょうゆ…小さじ2

＜梅酢れんこん＞

れんこん（皮をむき薄い輪切り）…50g

水…1/2カップ

梅酢（赤または白）…大さじ1

柿（皮をむいて3mm厚さのいちょう切り）…1/2個分

きんかん（薄い輪切り）…適量

大葉（せん切り）…適量

作り方

1 昆布〆こんにゃくを作る。ラップ2枚を切り出してそれぞれに昆布を1枚ずつ置き、上にこんにゃくを並べて残りの昆布で挟む。それぞれラップで包み、冷蔵庫にひと晩以上おく。

2 酢飯を作る。飯台（またはボウル）に炊きたての玄米ご飯を入れ、ホワイトバルサミコと海塩をふり入れてまぶす。うちわであおぎながらしゃもじで切るように混ぜる。

3 高野豆腐の煮物を作る。鍋に高野豆腐とにんじん、昆布だしを入れて中火にかけ、にんじんがやわらかくなったらしょうゆを加えて味をととのえる。

4 切り干し大根のしょうゆ麹和えを作る。切り干し大根は水で軽く洗ってざるに上げ、そのまま10分ほどおいて戻し、食べやすい長さに切る。ボウルに入れてしょうゆ麹と和える。

5 ゆで小松菜を作る。小松菜は海塩少々（分量外）を入れた少量の湯に根元から入れて10秒ほどゆでる。ざるに上げて水けをきり、3cm長さに切ってしょうゆをまぶす。

6 梅酢れんこんを作る。鍋に分量の水と梅酢、れんこんを入れ、中火で3分ほど煮てそのまま冷ます。

7 2に1のこんにゃく、3、4、5、6のれんこんと柿、きんかんを加えてしゃもじで切るように混ぜ込み、最後に大葉を散らす。
※こんにゃく、れんこん、柿、きんかんは酢飯に全部混ぜ込まず、少し残しておいて仕上げに彩りよく並べてもよい。

みそラーメン

忙しいとき、夕食が遅くなったときにさっと作れるお手軽ラーメン風。
消化もよく、みそで体が温まります。

材料（1人分）

そうめんなど細めの麺…100 g
キャベツ…80 g
A｜みそ（p.13参照）…小さじ1½
　｜白みそ…大さじ1
　｜塩麹（p.11参照）…小さじ1
　｜練り白ごま…小さじ2
　｜にんにく（すりおろす）…少々
　｜しょうが（すりおろす）…少々
昆布だし（p.14参照）…2カップ
ごま油、白すりごま（p.17の4参照）、
　海苔（食べやすく切る）…各適量

作り方

1　キャベツは芯の部分を切り取り、葉は粗いせん切り、
　　芯の部分は細かく刻む。
　　※芯からよいだしが出る。

2　ボウルにAを入れて混ぜ合わせる。

3　鍋に1と昆布だしを入れて中火にかけ、キャベツがや
　　わらかくなるまで煮る。

4　麺は袋の表示どおりにゆで、ざるに上げて水けをきる。

5　2に3のだしをお玉1杯分加えて溶いてから3に入れ、
　　火を止める。

6　器に4を入れて5を注ぐ。ごま油をたらして白すりごま
　　をたっぷりふり、海苔を添える。

常備したい市販の調味料と乾物

季節の食材のおいしさを引き出してシンプルにいただく料理では、
市販の調味料や乾物も自然素材で作られた良質なものを使いたいもの。
私が愛用しているものを参考に、好みのものを見つけてください。

基本

塩は海水のみで作られたまろやかな海塩を使用。しょうゆは濃口が基本で、天然醸造の深みのある味わいのものが好みです。みりんはじっくり熟成させた本みりんがおすすめです。

●左から、ぬちまーす、福光屋の三年熟成純米本味醂 福みりん、井上醤油店の古式じょうゆ

みそ

手前みそを含め、豆みそ、麦みそ、米みそ、白みそを常備して使い分けています。すぐ使えるように、保存容器に昆布で仕切って詰めておくと便利。

●左上から、マルカワみその有機みそ 麦みそ、小野﨑糀店の天然醸造米味噌、マルクラ食品の国産 白みそ、カクキューの八丁味噌

酢

料理に合わせて米酢、りんご酢、ホワイトバルサミコを使い分けています。酸味がまろやかで香り豊かなものを選びます。梅酢も使いますがレモン果汁で代用可能。

●左から、アルチェネロの有機ホワイトバルサミコ ビネガー、エデンの有機アップルビネガー、河原酢造の老梅 有機純米酢

油

油は圧搾絞りのものをセレクト。主に炒め物から揚げ物まで菜種油を基本とし、風味をつけたいサラダや和え物などにオリーブ油とごま油を使用しています。

●左から、オーサワのなたねサラダ油、オリヴィエラのオーガニックエクストラバージンオリーブオイル、山田製油のごま油

粉

主につなぎや衣には地粉、とろみをつけたいときはくず粉を使います。地粉がない場合は日本の気候、風土で育った国産の小麦粉で代用してください。

●左から、オーサワの南部地粉（中力粉）、オーサワの吉野本葛（国産）

乾物

天日に干した乾物は、太陽のエネルギーをたっぷり含みます。天日干しのものが手に入らない場合は、ベランダなどで数時間、太陽の光に当ててから使うのがおすすめです。なかでも優秀なのが、切り干し大根。食物繊維や鉄分が豊富な、女性にうれしいデトックス食材です。ひじきをはじめとする海藻類は、日本人のミネラル源として毎日少量ずつとりたい食材。高野豆腐は豆腐の優秀な栄養はそのままに、体を冷やすカリウムが抜けた体にやさしいたんぱく源です。大豆やひよこ豆などの豆類は、手作りみそから煮物、コロッケのたねまで何かと使える万能食材。昆布としいたけは具材にもなるうまみの素です。

食材別 Index

中島芙美枝　Fumie Nakajima

料理家。北海道生まれ。NYの大学を卒業後、テレビ・広告業界で働く。婦人科系のさまざまな不調に悩む中で、「やまと薬膳」オオニシ恭子氏に食養を学び、食の道へ。お弁当やケータリング、料理教室、クリニックや雑誌等へのレシピ提供、コラム執筆など活動の場を広げている。毎月第1金曜日に東京・表参道にてランチの提供を行う。
https://www.fumienakajima.com
Instagram @fumie_nakajima

撮影／yoshimi
デザイン／赤松由香里（MdN Design）
スタイリング／岩越千帆
料理アシスタント／アルムーン、宮原明日香
校正・DTP／かんがり舎
プリンティングディレクション／栗原哲朗（図書印刷）
編集／岩越千帆
　　　若名佳世（山と溪谷社）

撮影協力

タネカら商店
Instagram　@tanekarashowten

マルカワみそ
https://marukawamiso.com/
TEL: 0778 - 27 - 2111

福光屋
https://fukumitsuya.com/
TEL: 0120 - 293 - 285

一汁一菜からはじめる
野菜でととのうヴィーガンレシピ

2023年7月5日　初版第1刷発行

著者　　　中島芙美枝

発行人　　川崎深雪
発行所　　株式会社　山と溪谷社
　　　　　〒101 - 0051
　　　　　東京都千代田区神田神保町1丁目105番地
　　　　　https://www.yamakei.co.jp/
印刷・製本　図書印刷株式会社

●乱丁・落丁、及び内容に関するお問合せ先
　山と溪谷社自動応答サービス　TEL.03 - 6744 - 1900
　受付時間／11:00 - 16:00（土日、祝日を除く）
　メールもご利用ください。
　【乱丁・落丁】service@yamakei.co.jp
　【内容】info@yamakei.co.jp
●書店・取次様からのご注文先
　山と溪谷社受注センター
　TEL. 048 - 458 - 3455　FAX. 048 - 421 - 0513
●書店・取次様からのご注文以外のお問合せ先
　eigyo@yamakei.co.jp

定価はカバーに表示してあります
落丁・乱丁本は送料小社負担でお取り替えいたします
禁無断複写・転載